VENCER LA TIMIDEZ

Ser más atrevido

VENCER LA TIMIDEZ

Ser más atrevido

José Francisco González Ramírez

Copyright © EDIMAT LIBROS, S. A.
C/ Primavera, 35
Polígono Industrial El Malvar
28500 Arganda del Rey
MADRID-ESPAÑA

ISBN: 84-9764-326-7
Depósito legal: CO-1103-2004

Colección: Superación personal
Título: Vencer la timidez
Autor: José Francisco González Ramírez
Diseño de cubierta: Visión Gráfica
Impreso en: Graficromo S. A.

IMPRESO EN ESPAÑA – *PRINTED IN SPAIN*

PARTE I

¿QUÉ ES LA TIMIDEZ?

LA TIMIDEZ

Cuando uno se considera tímido: ¿por qué?

Cuando uno se considera tímido, y da vueltas a este asunto deseando encontrar alguna razón de por qué se es así, la verdad, surgen muchas cuestiones con respecto a la propia manera de ser, a la educación que se ha recibido, a las relaciones establecidas con la familia, con los compañeros de la escuela, luego en el trabajo, con los amigos...

De alguna manera, todo ello justifica nuestra propia timidez; en realidad, la timidez es una dimensión particular de la propia personalidad y su desarrollo, pero está en conjunción directa con el ambiente que rodea a la personalidad tímida.

Un tímido no nace, un tímido se hace. Un tímido aprende a serlo. *«Si sembramos vientos, podemos recolectar tempestades»*, dice el dicho popular. A nadie le gusta ser tímido, ni siquiera al tímido recalcitrante.

El tímido profundo huye de los demás porque tiene miedo de lo social, porque le asusta lo gregario, y la reclusión, la inhibición, la huida hacia el interior es un mecanismo de defensa que produce una bajada de *«la angustia que el otro produce en mí»*.

Podemos pensar que estas cosas no nos suceden a nosotros, y es verdad que este mecanismo descrito anteriormente no acontece frecuentemente de un modo tan masivo en la personalidad más corriente, pero eso no significa ausencia total del fenómeno.

Los demás siempre producen en nosotros una cierta tensión psicológica.

De alguna manera, o en algún grado, lo corriente es que los demás produzcan en el otro una cierta tensión psicológica. Esa tensión psicológica que las relaciones sociales producen es lo que se trata de desentrañar en este libro, y creemos que esa cuestión es el núcleo fundamental de la timidez.

Lacroix (1932) decía que la timidez es el resultado de una incomprensión, y esa incomprensión lo que hace es condicionar la emotividad del individuo con respecto a los otros seres humanos.

La timidez, cualquier tipo de timidez, deberíamos entenderla como un problema emotivo-afectivo del individuo, y este problema tiene una historia; es decir, que no aparece de repente sino que se forma a lo largo del tiempo en un proceso, y que se integra en la evolución de la personalidad humana en los diversos estadios y períodos de la vida; es más, la timidez va generando sucesivos problemas...

En el último de los pupitres

«Manuel, un alumno universitario, se encontraba cómodo al final del aula, escuchaba con más tranquilidad en el último pupitre. Estaba con el pelotón

del final de la clase, en el fondo; creía que pasaba así más inadvertido. No le gustaba que le preguntasen, más que nada por no hablar en público; se ponía nervioso, le sudaban las manos y le temblaba todo el cuerpo; sólo de imaginarlo se ponía malo: ¿qué dirían los demás al verle tan nervioso? Ellos van a pensar que soy tonto e inútil. ¿Y si me bloqueo y se me olvida todo?

Eso era parte de sus pensamientos que justificaban por qué le gustaba ponerse atrás, en la última trinchera, donde evitaría ser objeto de elección rápida por parte del profesor para intervenir en la clase».

Estas circunstancias se dan principalmente en personas que padecen una timidez muy acusada. Para otras el hecho de enfrentarse ante un grupo de gente puede desarrollarse un cierto grado de timidez, teniendo en cuenta que el enfrentamiento con los demás siempre produce una determinada presión psicológica.

La Ley de Ohm

En electricidad, el voltaje se define precisamente como un diferencial de potencial eléctrico entre dos polos. La timidez vendría a ser también como un diferencial de tensión psicológica entre el Yo y los Demás, ¡y que Dios perdone la comparación!

Yo, que hice la mili en la BRIPAC de Alcalá de Henares, recuerdo que en la Brigada Paracaidista el número de saltos en el aire, desde un avión, daba prácticamente un título de veteranía y experiencia cuando se sobrepasaba cierto número de ellos. Entre los veteranos paracaidistas se comentaba que, en el momento del salto, siempre existía una tensión, que nunca desaparecía por muchas veces que se saltase.

Lo mismo sucede cuando cualquier persona se expone a los demás, ya sean masas, colectivos o grupos de personas más o menos numerosos. Siempre el orador, aquel que se dirige a los demás, tiene sobre sí un cierto grado de tensión interior.

Si yo diese un discurso a los árboles del bosque, seguramente este fenómeno no sucedería, tampoco si recitase la más bella poesía a la Luna. Pero cuando un humano se dirige a otro humano la diferencia de tensión se manifiesta claramente; éste es el trono donde se asienta la timidez humana, y dependiendo del grado de tensión producido así es el grado de timidez que cada cual padece. Recibiría muchas críticas si aplicásemos la Ley de Ohm, diciendo que la timidez es igual a la resistencia del individuo frente a los demás por la intensidad de la interacción social.

> La timidez es igual a la resistencia del individuo frente a los demás por la intensidad de la interacción social.

Cosas de caminantes

«Si uno va paseando por la vereda de cualquier camino, meditando sobre estas cosas de la timidez, y al mirar al cielo ve, porque son las doce de la mañana

de un día de junio, a la Luna en lo alto, con un color ceniza claro, intenso, piensa: la Luna no me produce temor ni me siento ante ella tímido; lo mismo sucede cuando estamos ante una preciosa flor, o una oscura piedra, o ante un perro o un gato.

Pero si en mi paseo me encuentro de frente a otro hombre que viene hacia mí, con paso lento, como yo, por el mismo camino, pero en dirección contraria, y lo veo desde lejos, al principio muy pequeño, empiezo a preguntarme cosas sobre él.

> La timidez surge como consecuencia de uno mismo y del entorno.

Sé que nos cruzaremos y que probablemente nos saludaremos. A lo mejor, por ser un desconocido, si no nos dirigimos la mirada evitaremos saludarnos. No sé quién es y eso me produce una ligera tensión; esto no me sucede cuando miro a la Luna que tengo ahora en lo alto, o a la flor que llevo en mi mano. Con el perro solitario que me crucé hace unos minutos lo evité por si fuera un perro vagabundo y pudiera estar rabioso y morderme. Pero con el hombre que viene de frente, hacia mí, siento una ligera tensión de incertidumbre. Sé muy bien que cuando esté a mi altura le diré: "Hola", y él me responderá: "Hola", y seguiremos nuestro camino sin ninguna otra consecuencia. Veo que es joven y muy dinámico por sus pasos. Sé que él me mira con unos ojos como los míos, y que nuestros cerebros son iguales; es decir, que tenemos semejanzas en nuestros mecanismos. Seguramente él tiene también cierta incertidumbre ante mí, por la soledad del camino, probablemente se pregunte por qué ando por aquí en un lugar tan solitario. Nos cru-

zamos, nos miramos a los ojos y, efectivamente, nos saludamos. En ese breve instante hicimos múltiples valoraciones con relación a quiénes somos y lo que hacemos. Cruzarse con un extraño a la vera de un camino solitario es toda una experiencia. Cuando el hombre se pierde por mi espalda siento que desaparece aquella extraña tensión. Por eso sé que soy un hombre tremendamente tímido.»

Frente a otros seres humanos la persona genera una tensión psicológica que es la que puede producir la timidez. La timidez tiene una realidad, no frente a los acontecimientos, pero sí con relación a los otros seres humanos; la timidez del individuo no se puede entender sin el componente social.

> La timidez acompaña la evolución del desarrollo de la personalidad.
> La timidez se aprende.

Pensaba yo, sobre la descripción de este paseo, en la cantidad de pensamientos, sensaciones y percepciones que el ser humano vive ante cualquier circunstancia. Si ante un desconocido, en la vera de un camino solitario, una persona puede generar tanta expectativa, ¿qué no estará sucediendo ante los millones de eventos que cualquiera de nosotros puede vivir a lo largo de su vida?

Nos hacemos a nosotros mismos

Nos hacemos con relación a los demás; nuestra timidez es vencida, o nos vence, con relación al entorno en que vivimos.

Estaba yo leyendo un libro de Michel Girodo y me entusiasmó el análisis que hace de un caso de timidez patológica. Un muchacho norteamericano de un comportamiento normal y nada sospechoso, inteligente y atractivo para los que le

> El otro siempre produce una tensión psicológica en la persona.

rodeaban, en realidad vivía, en la soledad de su interior, un terrorífico estado de aislamiento, que le llevó inexorablemente a la enfermedad.

Eso es lo que sucede con la timidez patológica: logra encerrar al individuo en una prisión, le somete a una tortura psicológica cuyas consecuencias pueden ser terroríficas; este desgraciado muchacho había intentado salir de su aislamiento de todos los modos posibles, pero, desde su soledad, sin la ayuda de nadie. Finalmente, sin éxito en la relación social, se tornó agresivo hacia el propio medio en el que intentó integrarse, dando por concluido que la sociedad era su enemiga, y nada más claro para él que recortar una escopeta y salir dando tiros a diestro y siniestro, suicidándose finalmente.

La vida corriente no es tan trágica, y desde luego la timidez patológica no es lo más frecuente; sin embargo, recuerdo el caso de un señor tímido que se refugiaba en el alcohol para vencerla. Este hombre, de mediana edad, alto y delgado como un palo, de cara afilada, se quejaba de su timidez. Es verdad, era un estupendo trabajador que tenía mujer e hijos, pero, en el fondo, sufría grandemente cuando tenía que relacionarse con otras personas.

A él le parecía que el alcohol le animaba a ser más valiente, a ser más desinhibido socialmente, pero esta falsa habilidad social que aprendió en su juventud realmente resultaba terrible, ya que prácticamente era una persona dependiente del alcohol; es decir, era ya, en cierto modo, alcohólico.

La timidez patológica, cuando logra atenazar al individuo en la soledad, en las estepas de su propia inhibición, libra un combate interior por intentar vencer esa coyuntura horrorosa; hay una lucha contra el aislamiento producido por la timidez, pero desde la individualidad, desde el propio autismo interior, desde la soledad, que propicia la falta de eficacia para salir del propio encierro; podríamos calificar estos casos de auténtica enfermedad psicológica. En su gestación, el individuo puede luchar, aunque de manera muchas veces errónea, mediante el ensayo de acciones poco eficaces con un S.O.S. encerrado, enturbiado, interiorizado, inhibido, desocializado y, por supuesto, lleno de dolor y pesadumbre psicológica.

En el caso de ese muchacho de la escopeta recortada, nos cuenta Girodo que, para salir del aislamiento afectivo, demandó, en cierto periódico, contactos con otras personas de las que le contestaron algunos homosexuales, que no satisfacían sus necesidades personales afectivas (por desgracia este intento no le salió bien).

> La timidez es un problema afectivo-emotivo.

En el segundo caso el hombre tímido cae en el error de la desinhibición mediante el alcohol. Un mecanismo, frente a la timidez, a todas luces de consecuencias terribles. Esa lucha la comenzó en su juventud y experimentó que beber le desinhibía.

La timidez en la vida corriente

Pero básicamente no necesitamos llegar a situaciones tan extremas para sentir los efectos de la timidez dentro de la vida corriente, la de la mayoría de nosotros.

Estamos en un mundo donde la aproximación física es muy frecuente, y fácil, con sus millones de fórmulas de prácticas sociales, pero resulta patético observar qué pocas habilidades empleamos para comunicarnos la afectividad, la emotividad de nuestro mundo interno; muchas veces ni sabemos cómo hacerlo, ni lo queremos ni lo deseamos; quizá por temor al sufrimiento, al dolor, a la herida emotiva.

Quedamos así relegados interiormente en una afectividad aislada, desértica; o lo que es lo mismo: tímida, inhibida. Quizá por eso nuestra sociedad es terriblemente pobre en el orden afectivo, sentimental y emotivo, y nos transformamos en páramos, en rocas de un mundo muerto, más muerto que la superficie de la Luna.

¿Por qué nos extrañamos de la falta de valores? No se tienen valores por-

> Los seres humanos nos producimos, unos a otros, un diferencial de potencial psicológico.
> Timidez es igual a resistencia del individuo frente a los demás por intensidad de la interacción.
> $$T = R \times I$$

que hablemos de los valores; se tienen porque el ser humano quiere y respeta a su prójimo, y no le teme, y es libre en exponer sus razones afectivas, y ama y desea ser amado, con claridad a la vista de todos, sin esconderse. Pero nuestra sociedad es una sociedad de la contención emotiva, que desea ser objetiva, aséptica, mercantilista, neutra, científica, y por supuesto ni sensible, ni afectiva, ni sentimental, ni subjetiva, y eso es peligroso porque la timidez es casi siempre causada por una incomprensión de índole emotiva.

¿Cómo no nos vamos a replegar la mayoría sobre nosotros mismos, si mostrarnos de modo emotivo puede ser prejuzgado de una manera negativa, odiosa, rencorosa, desadaptada, y puede traer como consecuencia dolor, desesperación, aislamiento e incomprensión?

Nuestra sociedad potencia la represión emotiva, apoya una fuerte inhibición de los sentimientos propiamente humanos, de la afectividad compartida, del deseo espontáneo del amor. ¿Cómo no vamos a vivir en una sociedad seca, terriblemente ahogada en su propia sed injusta?

Todos somos tímidos porque todos padecemos una fuerte inhibición interior de los sentimientos; esa cárcel que nos atenaza, que no podemos expresar, que debemos moderar, replegar, reprimir, nos hace ser profundamente tímidos, y corremos el grave peligro de

> La timidez nunca podrá ser vencida con muletas como el alcohol, el tabaco u otros tipos de drogas.

virar sobre nosotros mismos, hacernos insensibles, sumamente subjetivos, mercantilistas.

Damos codazos psicológicos a los demás; a veces, desplegamos mil opiniones sobre la solidaridad, sobre el sentimentalismo, y luego caemos en nuestros mismos argumentos cometiendo errores graves de desamor hacia los demás; nos quedamos contentos y no reflexionamos, de tal modo que unos y otros componemos el rompecabezas de una sociedad terriblemente tímida, terriblemente enferma, terriblemente inmoral, terriblemente encerrada sobre ella misma.

¡Cuánto beben los jóvenes hoy en día!

«¡Cuánto beben los jóvenes hoy en día!», se oye decir a mucha gente. La verdad es que personalmente creo que siempre ha sido así; han utilizado todo aquello que puede de inmediato apoyarles en una mejor integración con el ambiente social que les rodea. El alcohol y el tabaco son tristemente apoyos psicológicos para desinhibir y sirven como muletas que parecen ayudar a la desinhibición social.

> Nuestra sociedad es tímida, no es franca con sus propios sentimientos. Desde ella potenciamos la represión de la emotividad.

La timidez quizá sea un síntoma del temor psicológico a los demás; quizá simplemente podamos calificarla de fobia social. Generalmente, en los jóvenes no hay nada que pueda interesarles más que la relación social y sus consecuencias, por lo que utilizan cualquier cosa (llámese tabaco, alcohol, drogas) que pueda ayudarles a salir del aislamiento, del freno que supone la timidez (el miedo a los demás). Esto realmente constituye un grave peligro para la juventud.

Si los jóvenes de hoy beben más, fuman más, se drogan más, también es consecuencia de una sociedad más tímida, más aislada, más neurótica, más problematizada, más autista, más asquerosa, más inmoral, más indiferente; o quizá se trate de una sociedad pobre, sin valores, hipócrita, sin trascendencia, sin creatividad, inculta, maleducada, con miedos y fobias hacia los otros, con miedos y fobias hacia la relación social auténtica, y sabemos que esto está sucediendo de alguna manera, en algún grado, porque se da culto al individualismo, al narcisismo, al egoísmo que no tiene parangón ni límites. Es realmente asombroso, y esto se produce muy especialmente en las sociedades del «*hombre económico*», del llamado mundo del bienestar, donde la indecencia, el salvajismo inmoral, campean como el oxígeno en el aire que respiramos, y es el salvajismo más terrible que el ser humano pueda vivir, porque a veces es invisible, sutil, despiadado ¿Cómo podemos extrañarnos de que nuestros jóvenes beban, sean violentos o se droguen?

> La timidez patológica logra que la persona humana llegue a replegarse en una prisión interior.
> Los jóvenes son lo que son como reflejo de una sociedad, de una manera de vivir, de una forma de ser social.

El fariseísmo de nuestra sociedad

A Enrique le encargaron dar un curso sobre habilidades sociales a un colectivo de funcionarios de un ayuntamiento de una ciudad importante de la Comunidad de Madrid. La verdad es que eran siete personas las que deseaban hacer aquel curso. Enrique había preparado con entusiasmo las clases, que iban a durar treinta horas; pensó en desarrollar como habilidades sociales las ideas del gran comunicador Daley Carnegie, que hablaban del sentido negativo de la crítica, y desarrollaba mil y una fórmulas, ya clásicas, sobre el tema de cómo ganar amigos, desarrolladas por este autor en forma de máximas y consejos sabios y maravillosos.

No pasó mucho tiempo sin que a Enrique se le tachara de *«raro»*, de místico, y se le dijo que no era posible un curso sobre moral de matiz religioso en un centro público como aquél, ya que no era el lugar apropiado, porque vivíamos en una democracia (¿...?). La posibilidad de que en aquel curso de habilidades sociales se pudiera mostrar sentimientos era nula.

No todos aquellos cursillistas eran de esa opinión. Cuando el hombre abre su corazón a otros hombres ese sentimiento que arroja puede no ser tolerado, y ése es el pecado de nuestro modo de vivir; no somos valientes y tolerantes, aunque nuestra boca grite que necesitamos la tolerancia y la comprensión *(«sepulcros blanqueados por fuera y podridos por dentro»)*.

> Nuestra sociedad es cada día más tímida, más inhibida, más egoísta, menos expresiva de sus sentimientos, más inmoral y menos ética; por eso cada día también la juventud puede ser más conflictiva.

El sentimentalismo, lo sentimental, lo que creemos más auténtico para nosotros, lo replegamos al ámbito familiar. No podemos abrirnos a los extraños; no podemos dejar la llave de nuestra casa puesta, ni nuestro coche dispuesto a la marcha, debemos reservar esos sentimientos para nuestro mundo más íntimo. Por eso nuestra sociedad es una sociedad profundamente tímida, desesperada, desconfiada, que no responde de modo positivo al amor.

Quizá llegue el momento de la otra revolución, en el sentido de que nos despojemos, nos abramos sin miedo al peligro, de que todos abramos nuestras puertas, porque ya no tememos perder nuestras casas, nuestras cosas, y si las perdiésemos no importaría, habríamos ganado el alma, la extraversión, la desinhibición, el encuentro con el otro, con el amor.

En una sociedad como la nuestra: de la objetividad, de la falta de escrúpulos, de la represión del sentimentalismo, generamos más timidez.

Se trata de que perdamos la timidez que todos tenemos. Con la timidez que ahora los seres normales, corrientes, portamos, estamos hiriendo de gravedad nuestra convivencia; nos armaremos, gritaremos contra los demás porque la razón es nuestra, y actuaremos agrediendo a la sociedad que nos reprime, que nos achica, que nos convierte en un número, que nos anula.

La timidez tiene siempre una historia

Los jóvenes son la expresión de lo que la sociedad es. La timidez tiene, por tanto, muchas consecuencias; puede ser más patológica, más normal o muy leve, pero existe en todos nosotros. Es verdad que pudo ser un problema de nuestra niñez y adolescencia de la que ya habláramos como si fuera agua pasada de molino. Esa historia personal, pasada o presente, deja una huella indeleble en el espíritu de la persona y condiciona el carácter.

Lo que más puede llamar la atención del desgarro que produce la timidez, principalmente la patológica, es el dolor, el arrebato de lo que es más humano: el sentido gregario, la socialización, la relación con el otro. La timidez tiende a aislar, mata el sentimiento propio del ser humano.

La timidez patológica es un cáncer que deteriora así toda ética, todo comportamiento y toda moral: el individuo, aun ante los casos más graves, es una víctima. Alfredo Fierro, catedrático de psicología, comenta en una revista:

> Es cierto que la timidez puede ser circunstancial a una determinada vivencia negativa, pero normalmente la persona tímida tiene una historia personal tras de sí que muchas veces llega a la infancia.

> *«Una persona intimidable puede ser temible. La timidez es una conducta aprendida. Si es extrema, puede alterar mucho la vida de una persona.»*

La sociedad no es inocente ante la patología de la timidez de sus miembros.

Recuerdo el caso de un violador que salió en los periódicos; llamó mi atención al leer el subtítulo que decía: *«Los psicólogos concluyen que el "violador de Pirámides" agredía a sus víctimas porque se "sentía feo"»;* el título era realmente llamativo: *«Cuando me pillaron sentí un gran alivio»,* decía este hombre.

> *«A sus 31 años Arlindo (comenta este artículo) ha cometido 140 ataques sexuales a mujeres, padece un terrible complejo de inferioridad ante ellas; ante el*

sexo femenino ve una amenaza capaz de reírse de su físico (él se consideraba feo). *Por eso las violaba. Esa intimidación en este caso resultó ser peligrosa para sus víctimas.*

La timidez patológica encierra al individuo en sí mismo, de modo que su comportamiento y sus pensamientos quedan negativamente perturbados. Un tímido patológico, si se siente intimidado, puede responder de modo delictivo.

Si uno analiza este artículo periodístico, en las confesiones que hizo este hombre podemos hallar algunas de las causas que provocaron este trastorno profundo de la personalidad, y que nos narra el mundo de los complejos.

El complejo de inferioridad es un sentimiento que la persona tiene de sí misma. Este sentimiento le puede hacer actuar de modo agresivo (como en este caso), le recluye en su interior, le aísla de los demás, y corre el riesgo de tornarse peligroso.

Se dice en este caso que "Arlindo se movía bajo dos registros: uno, el que guiaba su personalidad por un cauce vital normal, y el patológico, que le hacía sentirse inepto, inferior a los demás, y que afloraba al exterior traducido en una tremenda ansiedad por las mujeres, que se tornó patológica".

Cuenta este artículo que Arlindo pertenece a una familia humilde (caseros de un cortijo extremeño sumisos al señorito y dueño del cortijo). Se dice que Arlindo tuvo un padre duro, exigente y distante de la madre —según sus propias confesiones.

Parece que en su interior existían sentimientos de rebeldía muy pronunciados, y en el colegio vivió burlas que le herían en su autoestima, le llamaban Relindo:"Se reían de mí porque tenía la nariz y las orejas grandes. Carecía de valentía para acercarse a la chicas y tendía a aislarse para no sufrir la humillación de ser rechazado por ellas."

Su primer episodio delictivo se produjo cuando tenía dieciséis años. "Le toqué a una compañera de clase; mis padres y los suyos hablaron y todo se quedó ahí. Cuando iba por la calle sentía que la gente me miraba." Si por casualidad la gente se reía a su paso, él pensaba que se reían de su nariz y orejas (comenta el artículo del periódico). Cuando le detuvieron dicen que comentó, finalizando así el artículo

El complejo de inferioridad, las vivencias negativas de rechazo de los demás durante períodos como los de la niñez y la adolescencia se encuentran en la base de la timidez patológica. La familia y sus propias circunstancias son factores que desencadenan la timidez.

sobre este caso: "Sentí que, por fin, todo se había acabado. Y me dije: ya no podré hacerlo más." »

No podemos entender los actos humanos desligados de la propia historia personal.

La tragedia, a veces, se cocina con ingredientes y con un tiempo de cocción. Nadie somos inocentes de lo que los demás hacen. En este caso, el rechazo y la burla ajena aíslan al individuo y le hace sufrir, el complejo de inferioridad, la timidez patológica, el miedo hacia los demás, la fobia, mella al individuo hasta llevarle a delinquir.

Dice el profesor Fierro:

«La timidez es una gran inhibición interior y lo inhibido siempre está más a punto para estallar alguna vez. El sujeto intimidable puede ser alguna vez temíble... Aprendemos la timidez en experiencias que nos intimidan o nos hacen sentirnos rechazados: cuando nos sentimos excluidos sin motivo, cuando no cuentan con nosotros, cuando nos transmiten una mala imagen de nuestro cuerpo».

Poniendo en relación el caso anterior y estos conceptos podemos concluir que nadie es inocente de lo que el otro hace. Esa inhibición de la que habla el profesor Fierro, que puede estallar alguna vez, lo hace de mil formas diferentes, no tiene por qué ser en modo delictivo; ésas son algunas de las formas extremas y patológicas.

El aislamiento físico y el aislamiento psicológico y mental

Puedo contarles algunas historias viejas pero verídicas de cómo el hombre aislado reacciona. Me decían que en cierta ocasión, hace ya muchos años, una señora fue con su hijo, ya mozalbete, por primera vez a una pequeña ciudad de provincia; la madre entró a un establecimiento y el hijo se quedó fuera mientras tanto; al salir ésta y no verle donde le había dejado le llamó

> Lo que caracteriza al tímido patológico es su enorme sufrimiento por causa de no integrarse socialmente.

desconsoladamente; después de un rato escuchó una voz que venía de arriba, de lo más alto de un grueso árbol que estaba plantado a unos pasos de allí.

La madre suplicó a su hijo que bajara y, con mucho esfuerzo, logró que lo hiciera; el hijo estaba muy temeroso de todo lo que le rodeaba. Preguntó agarrándose a la madre por qué el pueblo estaba amarrado (se refería a los cables de luz que recorrían toda la ciudad), y preguntó extasiado

> La timidez tiene mucho que ver con la generación de una autoestima negativa, de falta de valoración personal.

que por qué en lo alto de una de las casas existían «*esquilones*» grandísimos (se refería a las campanas de la iglesia), y lo más gracioso fue que comentó algo sobre un «*bicho*» gigante que había visto venir de frente, refiriéndose al tren que hacía poco tiempo entrara en la estación de la ciudad; le dijo: «*Mamá, si en vez de venir de frente viene de lado hubiera arrastrado todo.*»

Aquel muchacho estaba fuera de sí, pues había estado físicamente aislado en el campo con su familia, gente típicamente campesina de la mitad del siglo xx. Traigo a colación esta anécdota porque el aislamiento físico en relación al acontecer evolutivo de una sociedad como la nuestra puede traernos anécdotas graciosas, pero es el aislamiento moral y psicológico el que puede destruir al ser humano.

Se sabe que la falta de afecto total en los niños pequeños produce incluso la muerte. La ignorancia puede producir temor, un poco exagerado aquí, aunque esta anécdota se cuenta como verdadera.

La soledad de Erich Fromm, descrita en su libro «*El miedo a la libertad*», da buena cuenta de la distinción que existe entre la soledad física y la soledad moral, psicológica o mental. Uno puede estar aislado de los otros hombres pero unido a ellos a través del recuerdo, la emoción, la afectividad y los sentimientos. Uno puede estar solo mentalmente, afectivamente, psicológicamente, y rodeado físicamente de muchos seres y estar en un infierno, en una cárcel insalvable.

La timidez patológica, la autoestima negativa, son fenómenos de la mente que encarcelan al individuo en algún grado, rotulan sobre el alma una inhibición interior negativa hacia lo social y colectivo.

> El aislamiento físico nos puede hacer incultos y salvajes, pero el aislamiento moral destruye nuestra psique.

Todos estamos un poco huérfanos en este mundo y todos somos un poco tímidos; todos estamos relegados en algún grado y de alguna manera hacia el interior de nuestra propia individualidad, y es verdad que la mayoría de nosotros no delinquimos, pero desconfiamos; no matamos, pero criticamos; no robamos ni matamos ni violamos, pero muchas veces se hace mal al vecino, a la gente en el trabajo, se piensa con pensamientos violadores, se acosa al prójimo a veces sin miramientos.

Estamos en la sociedad de la alienación. La timidez del individuo como inhibición interior puede estallar, nuestra inhibición puede explotar de mil modos diferentes: depresiones, anorexia, bulimia, conflictos de pareja, estrés...

Según esta idea no podemos decir que tú eres tímido y yo no lo soy, sería un absurdo, todos vivimos en un cosmos de inhibiciones interiores. Y es catastrófico pensar que cualquiera de nosotros es de otra especie; o sea que un criminal, un delincuente no son partes de nosotros mismos, aunque no podamos mirarlos a los

> La timidez nos afecta porque nos hace desconfiados.

ojos; ellos son partes consecuentes de nuestra realidad social, son productos de nuestra forma de vivir y de nuestro modo de desvivir: ¿de la televisión y su violencia?, ¿de la educación *light* que vivimos?, ¿de la marginación a la que sometemos a ciertos núcleos de hermanos nuestros?, ¿quizá del racismo?, ¿de la deshumanización del trabajo?, ¿del ojo por ojo y el diente por diente en la convivencia diaria?

La timidez no se puede entender sin la explosión en el orden social que esto puede suponer para los demás. A lo mejor eres un tímido contenido que nunca estalla, alguien que mantiene su propio cañón siempre sin balas. La timidez podría parecerse a una especie de olla a presión donde se cuecen cosas a grandes temperaturas, en este caso psicológicas.

La patología de la timidez podría ser la olla explosionada, sin control, y la timidez más corriente, la típica olla a presión que nos proporciona un cocido con su salida de gas a presión constante y regular.

La timidez patológica es a la que llegan, quizá, muchos pobres desgraciados, la timidez más normal es con la que nos manejamos todos: se nos presenta en forma de pequeños síntomas, de pequeños escapes de la válvula de esa olla a presión que comentamos.

Nos sentimos entonces temerosos ante las personas, inseguros de hablarles si son muchos, sudorosos si estamos en situación crítica, inseguros ante las relaciones sociales... Claro que la timidez tiene su propia historia personal; se produce a lo largo de la vida con unas determinadas claves.

La timidez no tiene sentido si no se relaciona con lo social, como tampoco tiene sentido creer que no somos tímidos, en alguna medida o grado.

Ser tímido es algo que todos llevamos dentro, pero con la experiencia de la vida, o bien potenciamos esa inhibición interior, o todo lo contrario. *«Yo soy tímido aunque me diga ante el espejo mil y una veces que no es así, que todo lo contrario.»* Nos cuesta reconocerlo, pues esta especie de defecto no es un tesoro para nadie; sin embargo, a muchas personas públicas les he oído comentar que ellos son tímidos, y hay quien dice que los sexos se atraen cuando se aporta cierto nivel de timidez. *«¿Me podrías preguntar por qué diablos me gusta tu timidez?»* Existe una timidez romántica, quizá también una timidez intelectual y una timidez del éxito.

¿Por qué el individuo es capaz de mostrar problemas de ansiedad social? La timidez es un problema de ansiedad social y como un problema de ansiedad se debería tratar. ¿Ansiedad social? ¿Por qué las persona tenemos ansiedad? Nacemos, vivimos, morimos...

La timidez afecta al comportamiento normal

Aquel muchacho de cinco años se ponía pesado con su tío, que estaba de visita en su casa; por casualidad, le había dicho que si se venía con él a la ciudad donde vivía con su familia.

Le persiguió por todos lo rincones de la casa y no había tiempo en el que no le preguntara a su tío cuándo se iban a ir.

Después de unos días el niño y su tío se marcharon. A los pocos días tuvieron que llevarlo de nuevo con los padres, pues había retenido todo lo que comía sin hacer visitas al servicio; le habían comprado unos zapatos y había consentido que le pusieran un número menor, de tal modo que traía destrozados los pies. Lo único que sabía decir era: «*Quiero irme con mi mamá.*» Como aquel muchacho vivía en un pequeño pueblo, todo aquello le resultaba altamente novedoso y generaba tal ansiedad en su persona que era incapaz de cumplir incluso con sus propios hábitos encopréticos (hacer caca); de haber estado más tiempo en casa de su tío, hubiera incluso podido reventar, y hubiera reventado.

> Quizá existan tantos tipos de timidez como tímidos hay en el planeta.
> La ansiedad es una de las causas productoras de la timidez.
> Cuando la persona vive un contexto intimidante se produce la timidez como reflejo de estas circunstancias.

No se puede describir aquí el número de deposiciones que hizo al llegar a su casa, ni la liberación que tuvieron sus pies al quitarse los zapatos.

Nadie mejor que los niños son sensibles a los ambientes y a las atmósferas sociales; si ésta no es de la calidad que el niño espera es capaz de reaccionar de modo inmediato, quizá utilizando el propio cuerpo.

La timidez es resultado de la vida afectiva del individuo, la timidez en el adulto es un síntoma de una cierta conflictividad emotiva que la persona establece consigo misma.

CAPÍTULO II

LA TIMIDEZ EVOLUTIVA

En la niñez y en la adolescencia

La timidez aparece como un problema típico de la niñez y de la adolescencia: ¿lo es?

Me interesaba saber qué pensaban las personas sobre el tema de la timidez, y pregunté con bastante frecuencia a la gente que estaba a mi alrededor sobre si ellos se consideraban tímidos.

Las personas maduras inexorablemente me contestaban que eso hacia algún tiempo que lo habían superado.

Lo curioso del caso es que siempre hacían alusión a la época de su más tierna juventud, en la cual se confesaban tímidos, o tímidas. El caso es que el tema era

> Los adultos, con mucha frecuencia, dicen que la timidez la vivieron en otro momento de su pasado.

irremediablemente referenciado hacia otros momentos de la vida pasada, como si la adultez y la timidez no pudieran asociarse. Al hilo de esta cuestión, resulta muy singular que muchos autores dan como algo natural el que la timidez se dé en unas ciertas etapas de la vida, fundamentalmente en la adolescencia. Los niños son también de modo natural grandes tímidos, aunque, claro, todo esto tiene una explicación bastante natural y sencilla.

La metamorfosis de la adolescencia

La adolescencia es un período de la vida humana caracterizado por los cambios; el ser humano en esta etapa sufre una continua metamorfosis que lo lleva desde la niñez al estado adulto. La adolescencia es fundamentalmente un período de cambios.

> La adolescencia es la etapa más característica de la timidez.

Se cambia en lo corporal a todos los niveles y en todos los sentidos, se cambia en lo mental y psicológico y, por supuesto, hay una dinámica de transformación en lo social. Tantas novedades, tantos intereses nuevos, hacen que el joven se replantee su propia vida, vea el mundo con nuevos ojos y responda con una peculiar característica.

Es natural que el adolescente se sienta inseguro, a la expectativa, que valore más lo que tiene delante de sí y el significado de lo que representan las cosas. La duda surge en él, incluso cuando aparenta una seguridad casi insultante, a veces, para los mayores. Los adolescentes están profundamente interesados por lo social, principalmente en todo lo que está relacionado con las relaciones; la personalidad tímida puede pertenecer a una persona muy orgullosa, y en determinados momentos de las relaciones íntimas y familiares volverse incluso un carácter fuerte y agrio.

He tenido la ocasión de experimentar este pormenor en mil y una consultas con familias en las cuales se describe a los hijos con déficit de autoestima, y, sin embargo, comentan que para las relaciones sociales en la familia estas personas muestran un carácter endiabladamente fuerte.

> El tímido puede experimentar circunstancialmente esta situación, y luego en situaciones familiares mostrarse muy desinhibido.

Todas estas cosas son compatibles si pensamos que la propia inhibición que produce la timidez, en el interior, es fuente de dolor psicológico, de frustración y de conflicto, y esta conflictividad puede traducirse fácilmente en agresividad, en mal humor y otras conductas que delatan el daño interior que está sufriendo la persona. Hay en psicología una especie de ley que viene a decir que *«a toda frustración corresponde una agresión»*. La timidez no deja de ser precisamente un tema de frustración y conflicto que acompaña a la personas a lo largo de su vida, o en un determinado período o momento de ella.

Dice Lacroix que la timidez no es una característica exclusiva de la adolescencia, aunque la adolescencia sea la edad normal de la timidez.

> *«El niño puede ser tímido, pero de una forma inconsciente y esencialmente física. Balwin, que hizo un importante estudio sobre la timidez en el niño, señaló tres fases:*
>
> *1. Al final del primer año aparece en él un cierto rasgo de timidez; el niño se siente molesto ante la*

presencia de un extraño, permanece callado, esconde el rostro y busca refugio en su madre.

2. Durante gran parte del segundo año, la timidez desaparecerá casi por completo: cuando se presenta un extraño, el niño le habla, se sienta sobre sus rodillas, etc.

3. Hasta el tercer año, aproximadamente, no interviene un factor propiamente psicológico: una especie de temor por la opinión de los demás. Por primera vez el niño se pregunta si, al ser observado, se reirán o se burlarán de él.

La timidez no deja de estar basada en una fuente continuada de frustración y conflicto, donde la intimidación de cosas, circunstancias y personas juegan un papel primordial.

Próxima la adolescencia, se empieza a descubrir, en la mayoría de los casos, crisis de intimidación más que timidez propiamente. Ésta se va gestando en el ensueño o aislamiento, pero no ha llegado a ser todavía aquella enfermedad que deforma el carácter. Una vez pasada la adolescencia, se puede ver todavía alguna crisis de intimidación ante una situación nueva.»

Aunque estas ideas sobre la timidez fueron formuladas hace algún tiempo, desde luego están totalmente vigentes y actuales, pues el fenómeno de la timidez sigue teniendo las mismas dimensiones hoy que las tuvo siempre.

La timidez, un problema de la afectividad

Es curioso que mi pregunta a los adultos, «¿eres tímido?», fuera casi siempre resuelta con una referencia hacia la adolescencia o la niñez; ya hemos visto que muchos autores caracterizan ese período de la vida humana como el más importante para el cultivo de la timidez.

En este libro hemos dicho muchas veces que la timidez es tema que no tiene otra referencia que la del desarrollo de la afectividad; si la timidez es un problema, desde luego es un problema de la afectividad. Y es la afectividad, precisamente, la que tanto en la niñez como en la adolescencia se torna clave y esencial para el desarrollo y la maduración del ser humano.

> *«" ¿Eres tímida?" —le pregunté a una mujer—. Antes sí lo era —me dijo—, pero ahora tengo muy mala leche, y bueno, ¡no hay quién pueda conmigo!» —me respondió sin ninguna inhibición aquella señora.»*

Yo medité un rato su curiosa respuesta para intentar darle sentido; sin duda, quería expresarme la idea de que hubo un tiempo en la que su miedo hacia los demás, su temor a los otros, su timidez le había jugado malas pasadas, y ahora que estaba liberada de la prisión de sus propios sentimientos, por sus temores de timidez, y resolvía las cosas de otra manera más desinhibida; pero

> La timidez es un problema generalmente de carencia de la afectividad, de la emotividad.

37

estaba muy claro: eso de la «*mala leche*», y lo otro de que *nadie pudiera con ella* ahora, sin duda, se refería a que seguía considerando todo lo social como una selva de reacciones salvajes a la que temer y ante la que había que defenderse con energía.

Llegué a la conclusión de que aquella adulta seguía siendo, en cierto modo, tímida y temerosa ante los demás, pero su experiencia la había transformado en una guerrera.

Muchos adultos, en nuestra sociedad, ante la frustración que les puede presentar su propia experiencia de timidez, optan por asentarse defendiéndose del mundo. Ser tímido produce dolor y daño y se puede optar por la defensa del propio territorio: ¡*todos son enemigos!* y ¡*a por ellos!* Claro que, si toda la sociedad es la que está en pie de guerra, «*¡que Dios nos acompañe y nos pille confesados!*». El mundo se transformaría en un campo de batalla: sería la guerra de los mundos (cada ser humano con su universo interior contra los otros universos). Aunque, claro, yo a veces me pregunto si no es éste el caso de lo que estamos viviendo: «*El mundo está loco*», se dice por ahí...

> Cuando el adulto ha superado un estado anterior de timidez, a veces manifiesta que ahora es muy duro en sus relaciones «contra» los demás.

Ensimismamiento frente a crispación

Por mi profesión, y bendita sea la suerte que tengo por la cantidad de experiencias humanas que vivo, se me presenta la oportunidad de contactar, frecuentemente, con edades muy diversas, desde niños bebés hasta muchachas y muchachos entre diecinueve y veinte años, y entre estos límites todas las edades.

Recuerdo con ternura a los niños más pequeñitos, en las guarderías, recién entrados en los centros, cómo necesitan de un tiempo, que se califica de adaptación, para que logren cierto tono de socialización.

María es muy bonita, con una edad de aproximadamente dos años, la nariz pequeñita, como un pellizco, metida en unos mofletes hinchados y sonrosados; estaba vestida y con la mochilita puesta, en la que los padres le suelen meter sus cosas: chupetes, algún dodotis, algún pequeño juguete, la medicina correspondiente, quizá contra el catarro o contra una otitis.

La educadora estaba sentada en una silla y la niña acurrucada con su abrigo verde, sin quitar, se apoyaba sobre las piernas de aquella amable señorita. De pronto, puse mi cabeza muy cerca de la suya, para saludarla y darle ánimos con dulces y tiernas palabras; la niña giró hacia mí y con sus ojos fijos hizo unos pucheros escandalosamente sorprendidos, y lloró con desconsuelo. La había intimidado; pensé que había sido demasiado brusco en el acercamiento realizado hacia ella; estaba tan sensibilizada por la ausencia de sus padres que no tardó en reclamarlos diciendo: ¡mamá!, y lloraba, y lloraba con desconsuelo.

> Un niño muy pequeño se puede sentir intimidado por la presencia de un extraño.

«No llores mi niña! ¡No llores bonita!», casi no acertaba a decirle, una y otra vez, tratando de calmarla. Los niños son muy sensibles al acercamiento de personas

extrañas a su mundo; cuando son pequeños, mucho más. Esto significa que valoran la afectividad de las personas cercanas a su vida familiar de una manera especial.

La integración a las escuelas infantiles, precisamente, lo que favorece en los niños es la experiencia que realizan con nuevas figuras, con nuevas personas que se tornan familiares, que se suman a su mundo de afectividad familiar.

Aprenden que fuera de sus casas existen otros seres iguales a ellos, y a sus papás, que les quieren y les cuidan, les enseñan y estimulan, *¡son tan agradecidos entonces!*

Cuando ya te conocen, cuando sus pequeños ojos tienen tu figura asumida, y sus oídos responden a tu voz, no hay experiencia más hermosa que la de su compañía.

Hay a veces muchas cosas sencillas y hermosas en el silencio de sus miradas; yo me quedo profundamente conmovido, me parece extraordinario cómo te observan los ojos ensimismados, y ves que detrás no existe una mirada como la que pueda tener una persona mayor. Siento entonces que estoy en otro reino, en un reino de luz, en otra dimensión, y procuro ser respetuoso, así que imitando su cadencia me dejo guiar por el mismo ensimismamiento, y me dirijo a sus ojos, y los miro de cerca sin decir palabra, observado yo también su rostro, sus ojos, sus movimientos, y puedo comprobar que el niño ya no me teme, se deja llevar, desaparece el miedo, la timidez, y en los dos se hace la seguridad y el afecto mutuo: me respeta y lo respeto; me quiere y lo quiero.

> Los niños valoran lo que les es familiar casi como algo vital.

Dice Octavio Fullat:

«Nuestro momento histórico debe calificarse de tiempo de intimidación; nos hallamos instalados, hace ya años, en una situación intimidante y quien más, quien menos, todos andamos, consecuentemente, acongojados por la timidez. Yo diría que nuestra condición presente es la de vivir "alterados" en vez de transitar por el curso de la existencia de manera "ensimismada".»

Los niños pequeños conservan aún la capacidad de pasar su existencia ensimismados; como diría Fullat, el ensimismado es el que vive fundamentalmente *«en-sí-mismo»*, pero esto nos ha sido robado a los adultos que, por nuestro modo de vida, no tenemos tiempo para *«uno mismo»*, y sólo quedan *«ensimismados»* algunos adultos privilegiados y los niños pequeños.

Le aconsejo, si tiene la oportunidad de observarlos, que lo haga y verá cómo están ensimismados con todo lo que les rodea, y éste es un privilegio que, poco a poco, les arrebatamos como a nosotros en su momento nos fue arrebatado; pero en ningún caso ganamos nada bueno sino que, por el contrario, perdemos el reino de los cielos.

Dice Octavio Fullat:

«No quiero enumerar los múltiples motivos de alteración que padecemos y que nos obligan sin descanso a salir de nosotros mismos y a existir alertados. Nuestros mayores eran, en conjunto, menos tímidos

porque podían vivir "ensimismados"; no así nosotros, que andamos constantemente pellizcados por nuestro entorno. Es más difícil, hoy en día, acertar; esto explica la existencia de tantos tímidos...», y todo esto fue dicho por Fullat hace más de treinta años, y su vigencia es más actual que nunca: *«¡Dios mío!, ¿qué camino hemos elegido?»,* dice el poeta en la mazmorra de su timidez.

El caso del niño pelirrojo

Estaba hablando con la mamá de Esteban, un niño con pelo pelirrojo como el cobre y de tantas pecas que parecía salido de alguna película de Disney. Su madre me decía que últimamente había cambiado de carácter, que se enfrentaba y hacia todo lo contrario de lo que sus padres querían que hiciera. La madre comentaba, muy apenada, que se había vuelto un niño malo realmente.

> Nos encontramos en un mundo donde continuamente estamos alertados, sobresaltados, intimidados; de ahí la timidez, el estrés y la depresión.

Esteban, que no me conocía de nada, había cumplido recientemente tres años de edad y me miraba furtivamente, escondido detrás de su madre, de tal manera que, cuando yo le echaba un vistazo, también muy fugaz, me sonreía enseñándome los dos dientes delanteros, muy paletos y blancos, al tiempo que se volvía a esconder detrás de su madre con un sentimiento de vergüenza.

«No se preocupe señora —le dije a la madre—.
Es normal que el niño se enfrente al adulto, pues de
ese modo afirma con ello su propia personalidad.»

Pude reflexionar unos instantes sobre la conducta de
Esteban, que seguía ocultándose y apareciendo por detrás
de la falda de su madre.

Me di cuenta de que aquel niño estaba muy atento a lo
que yo hacía con respecto a él, y su supuesta vergüenza
era una continua observa-
ción de mis reacciones.

A esta edad, el otro y su
mirada no son indiferentes
al niño porque posee ya

Los tres años son un punto de
inflexión en el desarrollo de
la personalidad.

una imagen de sí mismo muy compleja, que expone a los
demás intentando adaptarla con relación a los desconocidos; la vergüenza de Esteban hacia mí no era sino un
juego de adaptación al otro, a la mirada del extraño.

En cuanto la cortesía me lo permitió intenté captar la
atención del niño agachándome ante él, poniéndome a su
altura física, y traté de ganarme su confianza: creo que lo
logré, pues un rato después Esteban salió de detrás de su
mamá y se puso a mi lado, agarrándome una mano como
si quisiera que fuéramos a dar un paseo.

El niño había vencido el miedo al otro, ya no sentía vergüenza ante el extraño; él me consideraba alguien familiar
de quien sabía que le había aceptado tal como era; por tanto su vergüenza había terminado y simplemente todo aquello fue un contexto social donde superar su timidez.

Realmente Esteban vivía una edad en la que con estas
cosas crecía en madurez y desarrollo: son los juegos de la
formación de la personalidad.

La timidez leve puede beneficiarnos

La timidez leve nos puede llevar al éxito; ser tímido no tiene ninguna importancia cuando no afecta al comportamiento de una manera acusada: normalmente, la timidez es una expresión de la personalidad, muy común, que varía en los seres humanos simplemente de intensidad. Los seres humanos somos, en alguna medida, tímidos; sucede así porque tomamos conciencia de nosotros mismos y de los demás. Esa toma de conciencia la valoramos en forma emotivo-afectiva, y de ahí surge una cierta autoestima, o valor, sobre nosotros mismos frente a los demás, de orden positivo o negativo.

Los niños pequeños sienten vergüenza porque tienen una determinada imagen de sí mismos y ante el extraño deben adaptarse.

Es durante la niñez y la adolescencia, como ya hemos dicho, cuando la timidez tiene un carácter más singular, aunque el efecto sobre la personalidad pueda persistir durante toda la vida.

Los niños singularizan su ser en el mundo a través de un mayor grado de conciencia sobre dónde están, sobre quién es él o ella y quiénes son los demás. Los adolescentes toman las relaciones sociales como algo de una enorme importancia: los demás son esenciales (fundamentalmente los iguales); se comparan; sienten lo importantes, o no, que son para el otro; viven su personalidad con un valor de autoestima. Esos gestos psicológicos, esas valoraciones, forman la timidez.

La timidez es algo que tiene sentido frente al otro. Esa percepción social valorativa que hemos descrito antes genera una tensión psicológica en el individuo, por la cual se produce una cantidad ingente de comportamientos diversos. Eso es la timidez: Una tensión psicológica frente a los demás. Esta definición es valida para cualquier edad.

La timidez leve nos puede ayudar para conseguir el éxito

Si la timidez es leve, ayuda a superarnos a nosotros mismos; es decir, cuando sentimos esa tensión psicológica, y para superarla, gestionamos acciones positivas frente a los demás, nos damos cuenta de que la timidez puede superarse. Por ejemplo, a usted le puede costar relacionarse con los

> La timidez resulta, finalmente, de una forma de conciencia sobre el mundo, aunque ésta sea de carácter negativo.

demás, y para vencer esta dificultad procura relacionarse más; esa forma de enfrentamiento gradual, suave, poco a poco, es buena para vencer la timidez porque entrena para la vida.

La timidez mala (negativa) es la que paraliza, hace al individuo poco eficaz, nos frena en nuestras relaciones, nos encierra en nuestra individualidad. Es patológica cuando le sucede al adulto, pero no es tan significativa de anormalidad si se da en un niño o adolescente.

A los niños, cuando sienten esas *«paralizaciones»*, hay que ir suavemente ayudándoles a salir de esas situaciones. Si el niño tiene miedo al ridículo, cuando el temor al ridículo paraliza a la persona (rubor, palpitaciones, paralización, bloqueo, sudoración, ineficacia, ridículo real), estamos ante un niño, o un joven, al que debemos ayudar, sin darle más importancia. Es muy frecuente ver en los niños manifestaciones de temores muy pronunciados de ese tipo: lloros, nerviosismo ante contextos sociales o escolares, y ¡no pasa nada!: hay que trabajar la socialización y nada más.

Si el temor al ridículo es leve y me lleva a perfeccionarme en algo, a ser más exitoso, la timidez se transforma en un acicate, en un factor de éxito, y eso puede ser válido a cualquier edad.

En el mundo de las personas de éxito social (gente popular), frecuentemente declaran cómo su personalidad es tímida: cantantes, actores, locutores, periodistas... ¿Por qué sucede esto si esas profesiones son de fuerte exposición social?

Quizá la tensión de la que hablábamos antes les impuso la necesidad de superar los propios temores. Vencer la timidez aquí y ser exitoso en la conducta social fortalecerá la confianza en uno mismo.

La tensión que produce la timidez natural en el ser humano, puede resultar buena para superarnos a nosotros mismos. Cuando este problema nos lleva a ese vencimiento personal, y observamos que no sucede nada con relación al entorno, la timidez, como un aspecto negativo de la persona, nos

> La superación de la timidez se logra cuando, poco a poco, nos enfrentamos a las situaciones que nos intimidan.

mejora en nuestras cualidades, y esa situación reafirma muchos aspectos positivos de nuestra personalidad; por tanto, se modifica el valor de la autoestima hacia una valoración de optimismo sobre nuestras cualidades y virtudes: *«¡He vencido mi timidez!»* Es decir, he vencido mis temores, mis ideas negativas de mí mismo frente a los demás, he vencido la autoestima negativa; eso me hace ser optimista, valorarme más, estar seguro, querer intentarlo de nuevo y mejorarme.

Una pequeña dosis de timidez no es mala, todo lo contrario: produce una tensión psicológica que nos pone en movimiento, en trance de superación personal. Esto que es válido para nosotros lo es de igual modo para los niños y los adolescentes, pero ¡ojo!: el

> Si la timidez leve hace que como persona yo me supere a mí mismo, es positiva.

ejercicio de ir superando la propia timidez tiene que estar dentro de un proceso personal suave, graduado; es algo que cada persona debe vivir. Por eso debemos ser prudentes a la hora de *«obligar a los niños a...»*. Lo mejor es motivarle y que el niño o el adolescente tome iniciativas propias. Motive hacia la socialización, pero no la imponga; cada cual tiene su ritmo (respete el suyo personal).

La timidez mala

La timidez mala es la que bloquea, aquella que nos paraliza frente a los demás y, como efecto secundario, nos reafirma en un cierto grado de inutilidad y poca eficacia en las cosas que se relacionan con los demás.

Esto es una consecuencia de la timidez negativa (temida y vivida); reafirma al tímido en su valoración negativa de sí mismo; impregna todo su ser de la tan temida autoestima negativa.

Hace del individuo un recluso de sí mismo: se auto-encierra en el temor; surge el egoísmo en la soledad de la incomunicación: temores infundados, sospechas, complejos, inseguridad, violencia y toda una serie de conductas de inadaptación (valorable en la juventud y la adultez). Ésta es la timidez que hay que evitar.

Se metía debajo de la cama...

El psicólogo escuchó de su paciente describirle cómo era de pequeño. Recordó un día que se había metido debajo de la cama de su cuarto para no estar presente durante las visitas de unos amigos de sus padres. Deseaba eludirlos, le costaba tener que ser amable con ellos; repudiaba tener que sonreír y estar allí de un modo modosito, y le asustaban los niños que venían con aquella familia: ¿qué pensarían de él? Le gustaba jugar solo, y cuanto más solo mejor; no deseaba compartir nada con nadie, y principalmente temía el ridículo; creía que ellos se burlarían de su persona: aunque no dijeran nada, lo pensarían, dirían de él que era feo y se reirían, y esa idea no la soportaba. Prefería estar metido debajo de la cama que sufrir todas aquellas humillaciones. Odiaba que los demás le observaran; bastante tenía con soportar a otros compañeros de clase que se rieran de

> Procure no obligar a los niños, o adolescentes, a realizar algo; más bien motive su decisión a vencer su timidez.
> La timidez negativa es la que bloquea al individuo en sus sentimientos, y le encierra en la cárcel de su individualidad.

él, para encima recibir a otros enemigos en casa. No saldría en todo el día de debajo de la cama.

La timidez es realmente un problema de la mente, se gesta a lo largo de la historia personal del sujeto y va tomando una forma cada vez más consistente, siendo durante la época de la adolescencia cuando el grado llega a ser de mayor expresividad, y es así porque el adolescente está profundamente interesado e implicado en todo lo social.

La timidez es un problema de expectativas, de ansiedad, que se produce con la tensión de percibirse uno mismo frente a los demás. Una buena terapia contra la timidez, ligeramente apuntada en unas líneas escritas anteriormente, consiste en enfrentar esas situaciones productoras de ansiedad hasta que llegue un momento en que sean neutras; es decir, que no tengan ningún valor tensional, que no nos produzcan ningún efecto.

Pero vaya poco a poco, de modo gradual, de forma indirecta, superando situaciones de timidez: hoy un poco, mañana un poco más, hasta que logre el objetivo de superar las situaciones negativas.

Éste es un tema donde usted no puede ser sustituido, debe lograr vencer sus temores. Ensaye sobre el mundo su capacidad de vencer al propio temor.

CAPÍTULO III

TIMIDEZ Y SEXUALIDAD

Nacer a la sexualidad y al pudor

El escrúpulo, las dudas, el pudor, la vergüenza, el recelo, la aprensión, el reparo, el temor, la reserva, el retraimiento, la indecisión, el apocamiento, la vacilación, el sonrojo ¿pueden ser síntomas de la timidez?

El psicólogo Carmelo Monedero dice al respecto del nacimiento del pudor:

> *«Según Wallon, nace hacia los cinco años. Nosotros podemos interpretar este pudor como el sentimiento del niño que teme que se descubran sus deseos sexuales. En este sentido, el pudor sería indiferenciable de la vergüenza. Ambos sentimientos nos están poniendo de manifiesto que, más allá de la imagen que el niño se hace de sí mismo, existe una realidad más profunda y radical que reduce al niño a su propia corporalidad vivida.»*

La sexualidad humana quizá sea de las cosas que más pueden intimidar, causar vergüenza, pudor y timidez, en la niñez y la adolescencia.

Quizá sea en el tema de la sexualidad humana sobre el que se montan mecanismos esenciales para el desarrollo de la persona, y puede, este sentimiento afectivo, inducir y generar una cierta estructura de la timidez.

El placer que produce la manipulación del propio cuerpo en la infancia, junto con la masturbación, son cosas normales que no debemos hacer intimidantes en los niños.

El niño descubre su cuerpo y el de los demás a edades muy tempranas. El propio cuerpo, ya desde el nacimiento, es una gran fuente de autoestimulación, y, según crece el niño, las manifestaciones propias del cuerpo debe integrarlas al conocimiento que tiene sobre sí mismo a niveles psicológicos y mentales.

Al principio, el niño es capaz de manipular y manejar su propio cuerpo, ensayando y viviéndolo desde la automanipulación, y puede vivir tanto reacciones de placer como de displacer.

La manipulación de los genitales, próxima a la edad de los tres años, y desde los dos en adelante, es, a todas luces, un fenómeno normal y muy frecuente en la infancia.

La manipulación de los genitales por parte de los niños muy pequeños (o masturbación infantil) aterroriza a muchos padres por el sentido de la precocidad del fenómeno. Sin embargo, esa masturbación se puede reducir a un tema de sensaciones vividas por el niño que no tienen carácter de fantasía sexual.

Antes de los cinco años podemos ver cómo los niños no dan ningún carácter de pudor a ese acto automanipulativo de sus genitales, pues no existe el deseo, o sentimientos sexuales en sí mismos; todo se reduce a una cuestión puramente sensorial o, al menos, no hay una conciencia como la que ese mismo acto suscita en un adulto, un joven o un niño con cierta edad.

Cuando aparece el pudor sexual

Cuando aparece el pudor sexual hacia los cinco años ya podemos hablar de un cierto sentimiento de carácter puramente sexual. El temor que nace en el niño de estas edades es fuente de timidez, según tenga esta temática uno u otro tratamiento.

«Eres un cochino y un guarro, y si te tocas la pilila otra vez te la corto.» ¿Qué cree usted que puede hacer un niño, sobre los cinco años, si un adulto le dijera algo así ante el descubrimiento de que se masturba?

Las inhibiciones, los sentimientos reprimidos, castigados por los otros, fustigados, vueltos malos, ¿no creen que son fuentes importantes de timidez, de animadversión hacia uno mismo?

> La timidez puede iniciarse con nuestra manera de educar en la sexualidad a los niños.

Una madre me consultó sobre un hijo, de unos cuatro años, que jugaba con muñecas. La problemática que se le planteaba en su casa era terrible, según esta madre, porque las personas masculinas de este hogar eran, a todas luces, machistas y portaban gran recelo por los homosexuales.

Me dijo la madre, muy preocupada: *«El otro día vino un amigo de mi marido a casa y, al ver a mi hijo jugar con las muñecas, dijo: "¿Qué hace este "maricón" jugando con muñequitas?" ¿Cree que le afectarán estas cosas?»*, me preguntó muy angustiada la madre. La verdad que usted se puede imaginar hacia qué horror puede conducir al alma de un niño semejante ambiente represor y salvaje; probablemente tengamos en esa persona un tímido reprimido, un potencial delincuente sexual, y, si así fuera, él es inocente; es producto de un entorno. No crean que esta anécdota es inventada: ¡no! Estas cosas se dan y muchas veces en ambientes supuestamente cultos y acomodados.

Debemos procurar no escandalizar con nuestra moral, por muy loable que sea, los actos de los niños, por muy extraños que nos parezcan. Debemos educar, eso sí, pero con criterios razonables, teniendo en cuenta por qué esas cosas se producen en los niños. ¿Cómo podemos esperar que alguien que se llena de pudor negativo y se le reprima salvajemente ante sus acciones inocentes pueda ser luego un adolescente, o adulto, equilibrado? Es imposible.

> Reprimir el alma infantil de modo brutal es un escándalo, y más vale arrojarse al mar con una piedra de molino al cuello, antes de escandalizarno.

La niña que se masturbaba en la guardería

Estaba yo en una guardería cuando una de las educadoras se acercó al despacho de dirección para indicarme que fuera de inmediato a la estancia donde dormían los niños. Eran las dos y media de la tarde de un jueves. Los niños, en edad infantil, suelen dormir un rato la siesta, pues beneficia su estado de ánimo y les permite continuar la jornada de un modo más sosegado y eficaz.

La educadora me señaló una de las camitas de una niña de unos tres años; la manta de color verde que arropaba a la niña se movía en un vaivén rítmico. La niña se estaba masturbando de un modo convulsivo.

La educadora se acercó hasta la cama y desvió la atención de la niña hacia otras cosas; ella sonrió, estaba sudorosa y su cara muy roja, y no había ningún pudor sobre aquello que hacía.

La educadora la arropó nuevamente y se volvió hacia mí, mientras la niña volvía a masturbarse moviendo la manta verde con un ritmo acelerado. *«Esto lo viene haciendo desde hace una semana de un modo muy pronunciado»*, me dijo la educadora.

Más tarde puede saber que los padres de esta niña, principalmente la madre, estaba muy ausente, se relacionaba con poca afectividad con su hija. La verdad es que esto es más corriente de lo que pueda uno pensar, y simplemente obedece a un tema de lógica: el niño, o la niña, descubre una nueva fuente de placer, y como las cosas de su entorno pueden no atraer suficientemente su interés, sencillamente se centra en la masturbación, acentuando esta conducta. Estos episodios suelen remitir cuando el niño o la niña están más centrados y más interesados por su entorno.

> Los niños emplean su cuerpo y sus estímulos para superar los problemas afectivos.

Hay que naturalizar las reacciones que los adultos tenemos ante estas cosas, y darles la importancia que tienen, pero no directamente con el niño, sino considerando el entorno, pues las deficiencias la mayoría de las veces están en los adultos y no en los niños.

Cuando reprimimos, moralizamos o nos escandalizamos, justo estamos en ese momento influyendo en el carácter, estamos reprimiendo, y quizá forzando hacia la timidez. La educadora, en este caso, trató de desviar la atención de la niña para que se centrase en otra cosa, pero no fue y le dijo, por ejemplo: *«¡Venga!, deja de hacer esas cosas malas. ¡Es una guarrería que te toques!»*, o algo así; podría ser horrible en términos de inhibición y timidez potenciada.

El pudor de los cinco años

Los niños muy pequeños no tienen pudor porque no valoran sentimentalmente sus actos. La sexualidad de los niños de cuatro a cinco años es ya diferente.

Nunca olvidaré el caso de un grupito de niños de esas edades, en un colegio, en el que era su profesora una joven muchacha, maestra, especializada en educación infantil. Aquel día por la mañana tenía programadas unas actividades educativas con una canción que trataba de unos pajaritos; tenían que ser representadas por los niños, para desarrollar el lenguaje gestual y otros conceptos educativos.

> Ante los niños debemos ser naturales, y no hacer que las cosas se tornen intimidantes.

Repartió los papeles entre las muchachas y los muchachos, cuando de repente uno de los chicos (que había cumplido rencientemente cinco años) se negó a hacer nada; dijo a su profesora: *«Yo no quiero hacer de pajarita, soy un chico; quiero ser pajarito y no pajarita.»* La profesora le explicó de mil modos diferentes que no pasaba nada porque hiciera de pajarita, que eso no significaba que los demás le fueran a considerar una niña. Pero aquel muchacho se negó de lleno, y dijo: *«¡No!, ¡no! y ¡no! Yo soy un chico y no voy hacer de pajarita»*.

La maestra sabía que los padres de aquel niño eran muy flexibles y abiertos, no habían podido influir sobre él en esto de ninguna de las maneras. La cuestión está en que cada sexo da una valoración de muchísima importancia a su propia

> La identidad sexual es algo no negociable para los niños.

identidad sexual, incluso a estas edades. No hay otro momento de la vida que no se juegue con más emoción a *«ser novio, o novia, de...»*. El pudor comienza a parecer porque el sentimiento sexual infantil comienza a teñirse de fantasías. Hay un mundo de descubrimientos personales maravillosos, que a veces son ocultados, porque ya existen el pudor, la vergüenza y la timidez.

Ella le dijo a él: «¡Méame!»

Nunca olvidaré las revelaciones de un amigo en relación a la sexualidad en la niñez respecto a lo que le había sucedido a él mismo hacía ya muchos años.

A la edad de seis años, aproximadamente, tuvo su primer encuentro sexual con una chica de su misma edad, o un poco más mayor.

Contaba que una tarde, hermosa y bella, se fue al campo con una amiga suya; vivían en un pequeño y bello pueblo que les permitía estar en contacto directo con la naturaleza.

Parece que la niña tuvo una cierta iniciativa en esta huida bucólica y sexual. En una pequeña explanada, ocultos por una alta vegetación, ella se bajó sus braguitas y, echada en el suelo, dijo: «*¡Méame!*», y el muchacho, bajándose sus pantalones, sacó su colita y, con grandes esfuerzos, orinó sobre ella.

Al año siguiente, que hacía su primera comunión, este "pecado" le llenaba de pudor y vergüenza; el sexto mandamiento le traía por la calle de la amargura (*«No cometerás actos impuros»*). El niño sentía una enorme vergüenza de tener que confesar aquel "monstruoso pecado" al cura. El padre del muchacho, que se había percatado de que algo raro le sucedía con respecto a este mandamiento, se propuso investigar lo que sucedía, y junto a otro hijo más mayor repasaban los diez mandamientos; así que cada vez que llegaban al sexto, el niño se tornaba díscolo y raro, se avergonzaba, se ponía rojo, se llenaba de timidez.

> Si no se educa en la sexualidad, corremos el peligro de que los niños y adolescentes se llenen de ideas falsas y de temores.

Su padre le animó a que se lo contara, y lo logró con mucho esfuerzo; se enteró así que la misma chica había llevado también al más mayor al campo, y le había dicho lo mismo, pero su hermano no pudo orinar porque no tenía ganas en aquel momento.

Aquel inocente juego hacía un gran daño a este muchacho, pero gracias al atrevimiento del padre aquello quedó como una anécdota graciosa en la familia, de tal modo que causaba risa cada vez que se recordaba de una manera simpática.

Si esta historia inocente hubiera sido inhibida por este niño, el pudor sexual propio de estas edades hubiera ya formado parte de un núcleo conflictivo, que conforma parte de la timidez y el trauma.

> El alma infantil es muy sensible a cualquier circunstancia que le produzca pudor y vergüenza.

La timidez en los niños se va formando en referencia vital hacia muchas circunstancias de la vida. La sexualidad en los niños, y los adolescentes, forma parte de un descubrimiento de esencial importancia; es un núcleo de conmoción, por lo que los adultos están obligados a educarlos y a guiarlos.

Monedero dice textualmente:

«La actitud que el joven adopta respecto de la faceta consciente de su sexualidad es la de vergüenza. Se sonroja ante los mayores expresando el temor de que sus fantasías y manipulaciones sexuales sean conocidas. Pero esta vergüenza, que sobrepasa en mucho las temáticas conscientes del joven, está enraizada en profundas angustias inconscientes.»

La desorientación frente a la sexualidad por parte del adolescente puede traerle problemas y traumas. Los conocimientos parciales que muchos jóvenes poseen sobre la sexualidad pueden acarrear situaciones contradictorias y conflictivas que pueden dirigirlos hacia una moral de visión parcial sobre el tema, y posiblemente a las repercusiones traumáticas, y en muchos casos conducirlos hacia la timidez.

El adolescente debe tener una visión amplia sobre la sexualidad en lo físico y en lo sentimental.

Dice a este respecto Pierre Daco:

> *«No cabe duda de que los adolescentes que no saben nada de la sexualidad son una ínfima minoría. Pero, en cambio, hay muchos cuyos conocimientos son parciales o están deformados o simplemente falseados por burdas explicaciones. En tales casos se corre el peligro de que el acercamiento del hombre y la mujer se les represente como la búsqueda de un placer sin objetivo o, por el contrario, de un objetivo sin placer, o bien como una servidumbre de la carne que se opone para ellos, a cuanto el ser humano tiene de noble y elevado. Sus erróneos conocimientos les impiden ver el amor como un todo cuyo aspecto físico y moral, lejos de contradecirse, se prolonga y se completan el uno al otro.»*

Quizá el desconocimiento sobre la sexualidad lleve al joven, y al niño, a un erróneo comportamiento, que puede estar bajo el signo del trauma, la represión y la timidez.

La niña que deseaba ser *«meada»* no hacía otra cosa que aproximarse con su mente, y sus deseos, a una realidad que no entendía muy bien, y que de alguna manera concebía según este pensamiento mágico. El trauma y la timidez que pueden existir sobre esto vienen

La timidez que trae la sexualidad desaparece con la educación.

con la misma energía inocente, pero, claro, produciendo daños, a veces insalvables.

El tema de la sexualidad es objeto de sentimientos a veces encontrados, y fuente de frecuente confusión en muchas personas, por lo que se genera temor o culpa; estos sentimientos producen efectos colaterales que pueden llevar a las personas a desarrollar una timidez que se traduce en evitación del tema sexual. Para no desarrollar todas estas reacciones es necesario educar a los niños y a los adolescentes en la sexualidad humana, para que no caigan en fantasías erróneas y mantengan una actitud inhibida o tímida en esta materia.

> La ignorancia de la realidad es lo que conduce al temor y a la timidez.

El pudor adolescente

«*La adolescencia es el período de adaptación psíquica, afectiva y moral a la madurez fisiológica correspondiente a la pubertad. En su primera fase, el individuo, desbordado por tal irrupción de sensaciones nuevas, procura, ante todo, disimular al mundo exterior los trastornos que se suceden en su interior. Y no piensa que ese mundo —del que está acostumbrado a tener una visión infantil— pueda ser capaz de responder a sus aspiraciones de adulto y de corresponder a todo lo que repentinamente descubre en sí y que antes ni siquiera sospechaba. Muchas veces, le parece que los demás leen en sus pensamientos, y esto le llena de vergüenza. Ante un joven del sexo contrario se desconcierta terriblemente, pues, al mismo tiempo que se siente atraído por él, experimenta el temor de que los sentimientos y deseos que en él suscita esta presencia han de inspirar al otro viva repulsión. Este temor es mucho más vivo en el muchacho, cuyos deseos suelen ser más concretos. Como consecuencia de todo esto, la primera fase de la adolescencia es un período de retraimiento, en el que el adolescente se ve reducido a vivir con la imaginación todo lo que no se atreve a solicitar a la realidad. El miedo al sexo opuesto llega entonces al límite, "límite" que, desde luego, varía según los individuos. Indudablemente, esto se debe a que ése es el momento en que el miedo a la propia sexualidad es más intenso. La muchacha ve en el muchacho a un posible agresor, mientras que el chico teme a la chica como una asechanza de confusos peligros, lo que acentúa su timidez. Teme, sobre todo, no hacer cabalmente su papel de hombre. Sospecha en ella una superioridad de conocimientos y experiencias totalmente errónea. Por eso, a la vez que rehúye un trato cordial y franco, busca experiencias que le compensen de esa timidez, cayendo en un peligro más grave.»*

Pierre Daco

La circunstancia que vive el adolescente alrededor de la sexualidad determina muchas facetas de su vida, la energía adolescente se transforma frecuentemente en angustia, en fuente de rebeldía, y es un momento importante donde la timidez hace su aparición como una manera de ser, como una manera de tratar sus temores; aparecen fuertes inhibiciones hacia su entorno social.

El amor y el enamoramiento adolescentes son la base de una fuerte conflictividad, en el sentido de que el temor conquista muchas de las inquietudes de esta etapa de la vida, principalmente en las primeras experiencias amorosas; frustraciones y depresiones que

> Los cambios del adolescente en todos los sentidos son la base de la timidez a estas edades.

suelen hacer acto de presencia en esta edad tan conflictiva y que, poco a poco, se van regularizando hacia una sexualidad adulta.

Podríamos pensar que la timidez puede actuar en el adolescente como una crisis de identidad (Erikson), y podríamos caracterizarla como si el adolescente perdiera a esas edades una cierta confianza básica que luego debe volver a recuperar, por lo que hemos explicado anteriormente.

El adolescente se siente como un extraño en el mundo. El joven al no tener ahora una identidad definida desarrolla un carácter inhibido, a veces caracterizado por una fuerte timidez, cualquier cosa puede perturbarle; por eso le observamos rebelde, se opone, no es conformista, rechaza la autoridad.

Dice Monedero:

> *«La crisis de identidad es extremadamente penosa para el joven. Es una lucha ambivalente entre el amor y el odio contra todo lo que representa la familia para él.»*

CAPÍTULO IV

INTIMIDACIÓN Y TIMIDEZ

Situaciones intimidantes

Llamamos intimidación a todas las cosas, personas o contextos que producen en una persona angustia, inhibición, temor o miedo. La cantidad de situaciones intimidantes que pueden existir son realmente tantas como cada cual pueda imaginar.

> Las vivencias intimidantes afectan al interior de la persona transformando incluso la personalidad.

La timidez es producto de las vivencias continuadas de la intimidación. Una persona puede ser calificada claramente de tímida; pero existen personas que dicen ser tímidas y otros se extrañan de que se califiquen así, replicándoles: *¿Tú eres tímido?*

La verdad es que pueden existir circunstancias que intimiden a la persona de modo circunstancial. Uno puede ser tímido en unos contextos y en otros no serlo en absoluto. La timidez tiene un campo muy amplio de acción y normalmente se aprende a lo largo de determinados períodos de la vida, donde unas vivencias se pueden trasponer a otras.

Hablaba yo con una mujer de una belleza singular que había sido modelo y me decía:

> «*A mí la gente me da miedo, parece que me miran y me da la sensación de que me observan. Esto me produce pavor. Así que cuando me pasa esto, frente a grupos de personas, me hago fuerte y digo: ¡Adelante! Pienso como si estuviera en una pasarela y así logro superar mis temores.*»

Me contaba esta mujer que ella recordaba haber sido muy protegida por sus padres, y achacaba esa falta de seguridad a la poca autonomía e independencia que había vivido en el seno de su familia. Seguramente el temor a la gente sea la expresión de esa falta de seguridad que puede producirle enfrentarse a ambientes donde teme que la afectividad, el cariño y la seguidad puedan no existir, y, por su puesto, al hecho de que debe enfrentarse a los prejuicios y las opiniones ajenas. Esto puede llegar a ser muy normal en personas que viven de su imagen, como ocurre con las modelos, como en este caso.

La identidad y la autonomía son fuentes de seguridad personal

Si un niño pequeño no adquiere convenientemente una autonomía y una identidad personal suficientemente desarrolladas, puede ser que sea una persona proclive a la timidez.

Todos conocemos casos de esas madres hiperprotectoras que hacen de sus hijos seres carentes de autonomía:

no dejan de ayudarles en cualquier cosa, están sólo atentos a lo que el niño necesita. A la larga, estos niños se hacen tan dependientes que son incapaces de realizar acciones por su propia cuenta.

Cuando son más mayores y deben enfrentarse a circunstancias en las que tienen que tomar la iniciativa, no pueden; les agobian y les intimidan los contextos sociales, de tal modo que resuelven no intentarlo, se tornan inhibidos, retraídos, tímidos.

Esas madres y padres que están continuamente encima de sus hijos y no les dejan hacer nada son la primera causa de una timidez que se aprende, por supuesto generando un ser carente de identidad y autonomía personal.

> Las personas tenemos una imagen de nosotros mismos que continuamente se valora en relación con los demás: «¿Estaré guapa/o?», «¿gustaré?» Esta preocupación frente al otro es lo que puede generar angustia, tensión, temor… y timidez. Si durante la niñez ponen en duda nuestra calidad para hacer las cosas y nos lo hacen todo, generan una personalidad con falta de autonomía y un potencial tímido.

Cualquier cosa que ponga en duda la valía de la persona es objeto de frustración y, por tanto, de conflicto, afecta a la autoestima y puede producir contextos de intimidación. La inseguridad de nuestra modelo frente a la gente refleja una historia pasada donde su autonomía e identidad personal fueron mermadas, y ahora se expresa en miedos y fobias frente a los demás.

Recuerdo la historia de unos jóvenes cuyo padre, cada vez que les presentaba a personas extrañas, decía: *«Os presento a mis niños»*, y sus hijos luego, en privado, le recriminaban esa manera de ser presentados, de un modo muy agresivo, pues consideraban que los menospreciaba de esa manera. Cualquier cosa que pueda alterar el valor de la persona hacia una infravaloración se torna intimidante, y por tanto causa de timidez.

La timidez es psicosomática

Los contextos intimidantes no solamente producen en la persona reacciones de tipo psicológico; podríamos decir que la timidez, como un problema de la personalidad, causa también reacciones de tipo corporal o fisiológico; es decir, que la timidez frecuentemente va acompañada de reacciones fisiológicas, por eso podemos decir que es psicosomática. Es justo en los contextos intimidantes donde los tímidos sudan, aceleran el ritmo cardíaco, producen reacciones vasodilatadoras (la cara roja, o el rubor), alteraciones en el proceso de salivación, palidez, problemas de respiración, alteraciones del habla, crispaciones de tipo muscular (rigidez, torpeza motora, temblores) y otras reacciones. La timidez, cuando hace aparición en un contexto intimidante, suele ir acompañada de reacciones de tipo fisiológico, que generalmente remiten cuando desaparece la reacción al contexto.

> La timidez es un problema de la personalidad que se manifiesta con el cuerpo y la mente (psicosomática).

Si hay reacciones de índole físico por causa de situaciones mentales, o psicológicas, implica que la persona que vive estas cosas lo pasa realmente mal.

Es normal que el tímido, ante situaciones que le obligan a reaccionar incluso de modo corporal, intente por todos lo medios evitar esas situaciones fuertemente ansiógenas.

El tímido evita los contextos ansiógenos

Tras evitar esas situaciones sociales, el tímido se habitúa de esa manera a inhibir contextos que le producen ansiedad: está mejor sólo; no va a fiestas; procura evitar al vecino; habla lo menos posible.

Y todo porque determinadas circunstancias le hacen pasar un mal rato que trata de evitar. Procura no repetir aquello que le bloqueó y le llevó a hacer el ridículo. Este tipo de situaciones es muy frecuente en niños y adolescentes.

El caso del monaguillo Juan

«Juan tenía casi nueve años, vivía en un ciudad mediana, y por aquel entonces los chiquillos tenían a bien presumir de ser monaguillos. Juan añoraba ser monaguillo de una iglesia llamada de la Candelaria, donde había otros muchachos que se jactaban de serlo; era aquella una iglesia colegiata, donde, por lo menos, ayudaban en las misas seis monaguillos.

A Juan le admitieron después de tener que aprenderse el padre nuestro en latín; por entonces aún era de uso el latín en la iglesia, aunque ya con poca frecuencia.

Un día los monaguillos tuvieron que ir a por una garrafa de vino de misa y sin querer la rompieron por

Si alguien lo pasa muy mal en un contexto, y esto se repite, es lógico que intente evitar lo que le produce angustia, ya que es la causa de la inhibición del tímido.

el camino; esto sucedió mientras jugaban.

A la misa de los difuntos que daba el párroco aquel día, por la tarde, le tocó ayudarla a Juan. Durante el oficio el padre oficiante vio que faltaba el misal de los difuntos, así que susurró a Juan que fuera a la sacristía a por él. Juan volvió, pero no con el misal de los difuntos sino con el misal ordinario (un libro de dimensiones y volumen muy aceptable); de repente sintió cómo el cura encolerizado se lo tiraba a la cara.

Juan se protegió ante aquel objeto que se le venía encima, pero lo peor fue observar a tanta gente delante de él: ¿que dirían ante aquel lamentable espectáculo?, y vivió un ridículo impresionante.

Salió corriendo de allí dejando sólo al endiablado cura y se lamentó llorando; nunca más volvió ni fue monaguillo de ninguna iglesia; además, desde ese día, le dio reparo salir delante de la gente. Aquello le había transformado en un ser tímido ante los ojos ajenos.»

Muchas situaciones que vivimos las personas como intimidantes, a veces remiten a historias pasadas, a hechos que nos traumatizaron, probablemente, incluso olvidadas, pero cuando se dan las condiciones oportunas reaccionamos con inhibiciones. La generalización a otros momentos y circunstancias de las situaciones y contextos de intimidación es algo habitual en el tema de la timidez.

Las situaciones intimidantes nos pueden hacer aparecer como estúpidos

Las situaciones intimidantes pueden hacer de una persona normal una especie de estúpido; es decir, que mientras algo le intimida, resulta menos eficaz, menos inteligente, menos hábil. Es lógico, pues, que el tímido pierda muchas de sus capacidades habituales, que desarrolla mucho mejor en situaciones plenamente normales.

> No nacemos siendo tímidos: la timidez se hace. Cuando estamos en contextos de ansiedad nuestras habilidades naturales pueden ser menores. El tímido se vuelve más torpe, menos inteligente y razonador, menos eficaz.

Esa pérdida de habilidad puede provocar el miedo al ridículo, y si se produjese una situación ridícula real, el tímido intentaría por todos los medios no repetir aquello que produjo tanta ansiedad. Es como una pescadilla que se muerde la cola.

Al tímido todo se le viene encima, y sólo tiene ojos psicológicos para esas circunstancias que vive intensamente como si fuera lo último de su vida (esto es una forma de hablar).

Todos hemos vivido situaciones intimidantes. Es un síntoma de timidez cuando esas intimidaciones se producen frecuentemente y por cualquier cosa.

Dice Pilar Alcázar:

«La timidez extrema es un problema de ansiedad social bastante frecuente que se manifiesta en forma de nerviosismo en determinadas situaciones, generalmente las que implican la presencia de más personas. El problema surge cuando ese nerviosismo se convierte en una obsesión que impide a quien lo padece llevar una vida normal, provocándole fobias sociales o miedos a enfrentarse a otras personas. Pero es importante marcar la diferencia entre el rubor normal que todos parecemos experimentar en ciertas situaciones y la tendencia que tiene un tímido patológico a evitar todo tipo de relación. Cuando la timidez no es patológica, lo normal es sufrirla sólo en ciertos aspectos de la vida. Por ejemplo, mucha gente siente especial pavor a los encuentros con desconocidos, pero lo habitual es que la ansiedad que experimentan al principio desaparezca en posteriores reuniones. Ésta es la razón por la que, durante años, la timidez no se ha considerado una enfermedad: en la mayoría de los casos, el tímido se adapta cuando supera un período inicial de retraimiento y, además, en su entorno familiar su inseguridad desaparece por completo. De hecho muchos padres se sorprenden cuando les dicen que sus hijos se inhiben en el colegio y no se relacionan con los demás, porque en casa, al sentirse seguros, se expresan con naturalidad».

El pesimismo del tímido

Las paralizaciones que las personas sentimos por situaciones que nos intimidan pueden ser muchas, y porque nos bloqueemos no significa que suframos una timidez patológica.

También existe una anticipación, o una expectativa, que suele llevarnos a pensar en las consecuencias negativas que tendrán determinados tipos de contextos.

El temor anticipado por las cosas que aún no han sucedido hace vivir a la persona tímida una angustia anticipada por lo que le parece que será algo inevitable. En todas estas cosas existen grados e intensidad variable del fenómeno; aunque siempre será verdad que en una medida u otra se da en todas las personas humanas.

> Lo que al tímido le convierte en tímido son las expectativas de su ansiedad ante los diversos contextos.

Uno no puede dejar de pensar que el tímido es, de alguna manera, un gran pesimista; alguien a quien la vida se le resiste y le hace fracasar por la propia experiencia.

Si todas las cosas las planteásemos desde el punto de vista de la intimidación, del pesimismo, de la angustia, justo en ese punto la propia timidez generaría contextos vitales negativos, paralizadores e intimidantes.

Precisamente, una de las soluciones para que la personalidad tímida salga de su problema es cargarse de pensamientos positivos; de sentimientos de optimismo que le animen a romper esa inercia de negatividad y le ayuden a enfrentarse a las situaciones que le intimidan, que es uno de los objetivos de desarrollo de este libro, una vez nos quede claro a nosotros mismos si realmente somos tímidos o no, a través de las habilidades sociales.

El niño tímido resulta menos estimulado

La personalidad tímida se desarrolla a lo largo de la experiencia que la persona tiene en la vida. Cuando un niño es apocado en sus comportamientos, cuando no realiza gestos para llamar la atención de los iguales y de los adultos, cuando pasa en todas las actividades de aprendizaje inadvertido, estos niños, si continúan a lo largo del tiempo en esa dinámica, suelen ser tímidos, con el consiguiente peligro que eso conlleva incluso de retraso escolar.

Recuerdo haberme maravillado, al respecto de este reclamo continuo que suelen hacer los niños, en cierta ocasión que se me ocurrió grabar en vídeo las actividades del aula de un grupo de chicos y chicas pequeños, para luego visualizarlas y comentarlas con los padres.

Hubo un padre que se quejó de lo poco que salía su hijo en aquella grabación; efectivamente, aquel muchacho salía poco porque, mientras la mayoría reclamaban la atención de la cámara, él, como en todas las actividades escolares, se mostraba indiferente.

> El tímido es alguien que ve la botella medio vacía, y no medio llena, ante sus propios temores; es decir, que fácilmente podemos considerar al tímido como un pesimista.

El objetivo de la cámara, de modo automático, y jamás con ninguna intención de evitar que saliera o no saliera ningún niño, iba hacia donde existía más reclamo y actividad.

Esto demuestra que los más extrovertidos obtienen con más frecuencia estimulación que los más tímidos, apocados o introvertidos.

Pilar Alcázar, comentando los estudios de Paul Pilkonis, dice:

«... los niños tímidos hablan y sonríen menos, tardan más tiempo en responder, tienen un registro de expresiones y gestos más pobre e, incluso, presentan más dificultades motoras. Además, "estos niños, al evitar las situaciones que les hacen pasarlo mal, pierden la oportunidad de aprender los recursos necesarios para adquirir confianza" ...».

Nadie se hace tímido de la noche a la mañana; toda timidez tiene su propia historia. Y esa historia puede comenzar a cualquier edad cuando algo se torna traumático, o simplemente se vive una experiencia de carácter negativo.

El temor a los exámenes

Alguien se presentó a una oposición para un trabajo después de hacer una fuerte preparación de un año y no aprobar; tenía gran temor a cualquier tipo de exámenes, así que en la siguiente ocasión que intentó examinarse fue todo un trauma, ya que se ponía fuertemente nervioso y le venían pensamientos negativos de que no podría superar aquella situación.

Además, sabía que dominaba la materia de una manera positiva, pero en aquellos instantes no tenía en absoluto lucidez de pensamiento, su campo de conciencia se reducía enormemente por el temor al examen. A esto generalmente se le llama bloqueo, porque se está totalmente concentrado en las circunstancias que intimidan: se tiene miedo a no superar aquella prueba, a que le pasara como la otra vez, a que no fuera capaz... Y efectivamente, estos pensamientos no le permitieron reaccionar adecuadamente y nuevamente suspendió. Sus propias capacidades habían funcionado por debajo de sus posibilidades; era una lástima: esas experiencias intimidantes con resultados negativos hicieron que esta persona jamás intentara presentarse a ninguna oposición en el futuro, logrando generalizarlo a cualquier tipo de exámenes.

> Los niños tímidos resultan menos estimulados en los aprendizajes que los niños activos, sociables y extrovertidos.
> Muchos estudiantes viven situaciones de bloqueo aunque en ellos se den buenas capacidades, lo que les intimida considerablemente.

Nuestro protagonista había aprendido a tener miedo a examinarse, y con eso se le cerraban muchas posibilidades en su vida real.

Muchos jóvenes estudiantes, con buenas capacidades, viven circunstancias de bloqueo, y experimentan sensaciones intimidantes frente a los exámenes como las descritas anteriormente, haciendo que su eficacia disminuya enormemente y vivan momentos de una gran intensidad, en cuanto a la mucha angustia suscitada por esa situación de confrontación.

Estas cosas acontecen porque la persona tiene poca confianza en sí misma, quizá una baja autoestima, lo que le lleva a la inseguridad y la timidez, al bloqueo, a la ineficacia. Muchas veces éstos son los síntomas que guardan los secretos de una historia personal más antigua.

Los modelos implantados en la familia juegan un papel muy importante a la hora de que una persona tenga cierta propensión a la timidez, o no. El modo de ser de los padres es, en alguna medida, la referencia que tienen los hijos para generar un determinado carácter, y existen muchas probabilidades de que si unos padres son tímidos, poco sociables, también lo puedan ser los hijos, ya que al evitar los progenitores el contacto social también sus hijos a edades tempranas estarán menos expuestos a ese contacto, y puede que con el tiempo estos niños eviten la socialización.

> El temor nos hace ineficaces frente a las cosas que piden de nosotros un determinado rendimiento. La poca confianza del tímido hacia sí mismo y sus posibilidades hace que sea menos eficaz y se bloquee.

En este sentido dice Urrutia, comentado por Pilar Alcázar:

> *«Quienes no han tenido buenos modelos paternos, han recibido una educación que ha minado su autoestima o, aquellos a los que se les ha inculcado un miedo exagerado hacia lo que opinan los demás, es fácil que desarrollen problemas de timidez. Está comprobado que si los padres son tímidos o poco sociables suelen evitar exponerse a sí mismos y a sus hijos a situaciones que les incomoden, de tal manera que acaban perpetuando en los pequeños el miedo social que ellos mismos sienten.»*

La timidez que proviene desde la infancia es, en la edad adulta, la que se perpetúa como un problema más difícil de solucionar. La autoestima es la base de que pueda existir, o no, timidez. Es fácil intuir que la persona que tenga una valoración de sí misma negativa pueda resultar tímida en sus reacciones; así como una persona que tenga una autoestima positiva, que esté segura y confiada en sí misma, puede generar un espíritu extrovertido y sociable. La otra cuestión es por qué una persona tiene una autoestima positiva o negativa.

> La autoestima es la base de que pueda manifestarse, o no, timidez en la persona. Si los demás nos quieren, nosotros nos querremos; si los demás nos odian, nosotros nos odiaremos.

La timidez se hace en el crisol de la vida. Si los demás nos valoran, nosotros nos valoraremos; si los demás no nos valoran, es posible que tampoco nosotros lo hagamos.

Nos dice Pierre Daco que es muy frecuente que aparezca la timidez cuando

> *«…los hijos son demasiado protegidos por los padres que "creen obrar bien" y lo deciden todo en lugar del hijo. Niños desanimados por un clima demasiado adulto, en el que la sensibilidad no puede expansionarse libremente. Niños frustrados por falta de afecto. Niños frustrados por falta de comprensión. Niños agobiados por padres dominantes, que no soportan otra voluntad que la suya. Niños cuyos padres se creen superdotados y lo hacen notar en todos los momentos. Existe también la timidez locali-*

zada: yo me he vuelto tímido porque soy bizco. Yo me he vuelto tímido porque tenía la impresión de que todo el mundo se fijaba en mi nariz. Me he vuelto tímido porque soy bajito».

La timidez puede aparecer de mil modos diferentes como reacción a circunstancias y en entornos intimidantes para la persona.

PARTE II

CÓMO VENCER LA TIMIDEZ

HABILIDADES SOCIALES

Las habilidades sociales

Hasta ahora, en este libro, nos hemos planteado caracterizar lo que es la timidez y las causas que la pueden producir, y hemos considerado sus aspectos en las vertientes más variadas, incluso a lo largo de los años de la vida de una persona.

Sin embargo, no sería suficiente si no tratásemos de dar algunas pautas que nos lleven a concluir cómo combatir la timidez, tratar el cómo hacernos fuertes frente a la intimidación de circunstancias, personas y cosas.

Para vencer la timidez debemos tener habilidades sociales, y las habilidades sociales, generalmente, se aprenden. Bueno, podemos, a lo largo de nuestras vidas, aprender habilidades y también aprender a no tenerlas. Los medios que estimulan, o inhiben, las habilidades están siempre, según la edad, en la familia, la escuela, el trabajo, en la sociedad.

Cuando hablamos de habilidad social nos referimos a la experiencia positiva que una persona tiene en el acercamiento con otra, u otras personas, en contextos sociales diversos.

Creo, precisamente, que es el aprendizaje de nuevas habilidades sociales la mejor terapia para el problema del tímido. Pero sería lamentable que una persona tímida creyera que el cambio se puede hacer de una manera mecánica siguiendo una determinada línea de normas mecánicas: ¡no!

Lo mejor que puede hacer un tímido es aprender habilidades para enfrentarse a los contextos, situaciones o personas que le intimidan.

Es posible adquirir nuevas habilidades sociales en la medida que usted tenga el propósito profundo de molestarse en cambiar, de enfrentarse a sus propias circunstancias. Es decir, en la medida que la persona tímida tenga el deseo verdadero de cambiar su vida.

Lo nuestro es una propuesta reflexiva a lo que se vive, y que generalmente, como usted es humano, hace referencia a las circunstancias universales de lo que son los seres humanos. Si no le quedase tiempo para esta reflexión que le proponemos, desde luego estaríamos demasiado ocupados y perderíamos un poco el sentido de nuestra propia vida.

Es bueno plantearse cuál es nuestra relación con los demás. Nuestra relación con los demás tiene un asiento más en los sentimientos que en la objetividad, y aunque socialmente digamos que las relaciones con los otros son objetivas, desde luego, incluso en las circunstancias más asépticas, existe una base sentimental, que está obrando de manera inconsciente por debajo de nuestra conciencia.

Lo queramos, o no, el ser humano es básicamente más subjetivo que objetivo. Unamuno así lo pensaba al decir: el hombre es sujeto, por tanto subjetivo, y no tanto objeto, objetivo.

Desarrollar los propios sentimientos respecto a los otros, las actitudes, los deseos, las ideas y opiniones, son habilidades que debemos revisar para ser más diestros en la relación con el otro.

Cuando pensamos en usted, como persona tímida que puede superar sus circunstancias, creemos que lo puede hacer mejorando sus habilidades sociales; lo que deseamos es que mejore el modo en que se produce el acercamiento humano entre usted y los demás.

No hay que esperar que los demás cambien para que las condiciones de ese encuentro tengan un signo diferente para nosotros.

Si esperásemos a que se genere en el mundo un cambio universal para que nuestra relación con los demás varíe, ¡estamos listos!; debemos hacer el propósito de cambiar nosotros primero, y luego seguro que todo a nuestro alrededor cambiará en sus formas y manera.

> Mejorar nuestras habilidades sociales supone ser menos tímidos.
> No son los demás los que deben cambiar, debemos hacerlo primero nosotros.

Cuando hay un planteamiento como ése siempre recuerdo el dicho que habla de la montaña: «Si la montaña no viene a Mahoma, Mahoma irá a la montaña.» O ese otro chiste del piano: «Érase un pianista que no arrimaba nunca la banqueta al piano sino que pretendía que el piano llegara a su banqueta.»

En nuestro caso, no son los que rodean al tímido los que tienen que hacer un esfuerzo para que la propia timidez desaparezca, sino que es el tímido quien debe moverse para combatir su timidez, haciéndose más sociable, ganando en habilidades sociales, atreviéndose con las cosas que le intimidan.

La habilidad de comunicarse

Las habilidades sociales podemos entenderlas como un conjunto de capacidades que nos permiten una mejor relación con nuestro entorno, con el medio social donde nos insertamos, y esta mejora es positiva ante cualquier situación que nos pueda plantear la timidez, es decir, la intimidación de lo social.

Estamos hablando realmente del autoconocimiento de sí mismo que la personalidad tímida debe realizar; de la propia identidad personal que debe potenciar; del autoconcepto al que ha de positivizar; del saber identificar los sentimientos de uno mismo y de los demás, y darle una expresión adecuada en los sitios y lugares donde estemos; aprender las reglas del diálogo y las conversaciones con los otros, en buena armonía y en interacción equilibrada; esto es parte de algunos de los objetivos que cualquier persona, y en especial la personalidad tímida, se debe plantear: mejorar las habilidades sociales.

> Si los demás no vienen a mí, yo iré hacia los demás.

La comunicación tiene muchas claves contra la timidez, desde las consideraciones puramente verbales a las de la expresión gestual, no verbal, que pueden favorecer, o no, nuestra relación en lo social; también el autoconocimiento posee llaves de interpretación que van desde el control mental hasta el conocimiento de uno

LA COMUNICACION CON LOS DEMÁS...

1. La comunicación humana se basa en el intercambio de información, sentimientos e ideas.

2. Cuando el intercambio entre las personas que se comunican lleva por sus canales información, sentimientos e ideas negativas, se puede producir la incomunicación y el conflicto. Es fácil intuir que los tímidos viven con conflicto la comunicación con los demás.

3. Si los sentimientos, la información y las ideas que circulan en el intercambio humano son positivos, se establece el entendimiento y la congruencia. Ésta es la habilidad social que el tímido debe adquirir a la hora de comunicarse con los demás.

4. El control más importante para mantener una buena empatía con el otro (o sea, relación de simpatía) es transformar el intercambio sentimental en experiencias mutuas positivas...

5. La persona tímida debe procurar que los canales de comunicación estén abiertos positiva y significativamente.

6. La comunicación que establecemos con el otro no es solamente verbal, aquella que se realiza con la palabra, sino que la comunicación no verbal existe, y es un universo importante de intercambio, fundamentalmente de sentimientos.

7. La comunicación no verbal es aquella que se corresponde con el gesto. Podemos, mediante los ademanes, posturas y gestos, decirle al otro una cantidad enorme de cosas. Por ejemplo, si yo me cruzo de brazos cuando hablo con otro estoy transmitiendo el mensaje de cerramiento, de barrera («me cierro a...»). Es fácil que el tímido transmita cantidad de mensajes a través de gestos, ademanes y posturas que se enfocan hacia la inhibición.

8. Cuando la comunicación verbal y no verbal tienen carácter negativo surge el problema de la incongruencia y la falta de entendimiento con los demás.

9. El conflicto en el entendimiento surge cuando se rompen los canales de la comunicación, o circula una comunicación negativa y no significativa. El tímido debe reestablecer en este acto el carácter positivo.

10.- Si soy una persona tímida es fácil que todos los aspectos de una situación se miren desde la perspectiva de la timidez, y eso debe cambiar.

11. Cuando se comunique con el otro no establezca un clima defensivo: no evalúe, ni controle, ni monte estrategias, ni sea neutral, ni se sienta superior, ni hable con certeza.

12. Cuando hable con el otro establezca un clima estimulante: hable describiendo; dé orientaciones al problema; sea espontáneo; logre un cierto nivel de empatía; procure comunicarse a nivel de igualdad; diga las cosas con cierta provisionalidad.

13. Los seres humanos nos comunicamos con interferencias, solemos tener prejuicios. Nuestros mensajes al otro deben ser lo más positivos posibles, por eso nuestros prejuicios debemos controlarlos para que no influyan en las relaciones.

14. Piense siempre que el carácter positivo de la comunicación humana da como resultado, frente al otro, el entendimiento mutuo, y para lograrlo cada interlocutor debe traer los aspectos internos, aflorándolos con naturali-

dad a la conciencia; cuando somos sinceros y espontáneos se da el entendimiento entre todos los que están presentes en la comunicación. Es imposible en estos ambientes la timidez.

15. Según Jackson, a la gente le gusta comunicarse con aquellas personas que le hacen sentirse más seguros, gratifican las necesidades, y se alejan de las personas que amenazan su seguridad, les hacen sertirse ansiosos, y les induce hacia experiencias poco gratificantes.

mismo, en el sentido psicológico de la personalidad; la identidad personal debe ser definida en nosotros como seres que, ubicados en un mundo complejo, pretendemos aprender claves de interacción social en nuestro medio.

Cuando las personas estamos en grupo, convivimos socialmente, mantenemos reglas que nos permiten interactuar, aun así, socialmente, hay que aprender a solucionar eficazmente los problemas que pueden plantearnos las relaciones sociales.

El elogio nos fortalece

El elogio nos fortalece y la crítica nos destruye, quizá sea una de las claves para establecer climas sociales equilibrados y positivos, que permitan al tímido potenciar su éxito ante lo que él más teme: la interacción. Hay que reforzar a los demás, y en esa relación nos fortaleceremos a nosotros mismos. Comunicarse y relacionarse con los otros es, quizá, una de las claves más importantes para adquirir habilidades sociales y vencer la timidez. La propia realidad interior debe ser controlada desde el autocontrol: hay que aprender a controlar las emociones, los sentimientos, los pensamientos.

> El tímido debe aprender a comunicarse con eficacia frente a los demás. Debemos usar el elogio sincero frente al otro; tratar de ver las cosas positivas para animar nuestras relaciones: así muere nuestra faceta tímida.

Transformar lo negativo en positivo

La transformación de lo negativo en positivo, el manejo de la propia emotividad negativa, como el de la autoestima negativa, es de gran importancia dentro del universo de las habilidades sociales y del planteamiento que el tímido debe realizar para superar la timidez, la competencia y otros conceptos que buscan la eficacia en este tipo de relaciones.

Ante las situaciones intimidantes me relajo

La relajación es una manera de controlar el estrés y una forma del autocontrol mental. Se puede aplicar desde la pura práctica de distensión muscular hasta las técnicas de autosugestión, sin hablar de la importancia que tiene aprender a respirar, lo cual nos ayudará a ser eficaces en la distensión frente a las situaciones provocadas por la ansiedad, siendo muy propicias para el control de la angustia que producen las situaciones intimidantes propias de la timidez.

> Si yo me veo mal a mí mismo, lo primero que debo intentar es cambiar esta percepción, así me acercaré a los demás con más seguridad.

La solución a los problemas

Siempre recordaré el modo genérico del trato que establezco con las familias cuando abordo algún problema de lucha generacional entre padres e hijos.

EL ELOGIO NOS FORTALECE

1. Si frente a la otra persona adoptamos una actitud crítica, mordaz, de insidia y fastidio, lógicamente estamos haciendo un enemigo encarnizado.

    Al tímido no le interesa criticar, pues el otro se pondrá en guardia. La peor crítica es la que afecta a los sentimientos y emociones de la persona. Ésas nunca se olvidan aunque se perdonen.

2. Frente a la crítica que no conduce a nada debemos emplear el elogio. Ser positivo con los demás no necesariamente debe conducirnos a ser empalagosos, «pelotilleros», falsos. Si es así, mejor callarse.

    Hay que ver el lado bueno y hacérselo saber con honestidad, y viniendo a cuento, al otro, con lo que conseguiremos un amigo. Igual que cierta actitud crítica nunca se olvida, tampoco el sentido positivo del elogio.

3. Lo mejor que podemos hacer con el otro es escucharle, tratar de entenderle, ponernos en su lugar.

    Eso puede ayudarnos a ganar amigos, pero hay que ser equilibrados en nuestras reacciones, pues hay personas vanidosas y con esas cosas se creen superiores a nosotros, y pueden tratarnos con desprecio. Hay que ser astutos en este sentido.

Haz sentir importante al otro, pero sin que se dé cuenta de ello. Pero sé siempre honrado y sincero con los demás.

Normalmente, cuando hablo con un joven, le responsabilizo ante la necesidad que tiene de cambiar su conducta, sus pensamientos y sus deseos contra la(s) persona(s) con la(s) que entran en conflicto, y le sugiero que somos cada uno de nosotros los que tenemos que hacer evidente un cambio de actitud ante el problema, sin esperar que sea el otro quien cambie.

Lo mismo hago luego con los familiares (padres) con los que se derime el conflicto, y les responsabilizo de la necesidad de que sean ellos los que intenten cambiar la actitud hacia el problema.

Cuando todas las partes están convencidas de que cada uno debe cambiar de pensamiento, conducta y actitud, al respecto del problema, surge el milagro: la solución se ha conseguido. Y puedo asegurar que he visto producirse situaciones maravillosas desde el punto de vista humano, casi mágicas.

Es verdad que, cuando alguna de las partes se recluye en su propia trinchera, se encierra en el caparazón de una tortuga, esa solución es imposible o, mejor dicho, ¡no hay solución posible! El tímido ha de ser el primero que debe estar dispuesto a salir de la cárcel de sus propios temores, yendo al encuentro de los demás, pero de una manera nueva: con renovadas actitudes, pensamientos y conductas; el tímido que quiere dejar de serlo no puede esperar a que fuera, en su medio ambiente, se den nuevas condiciones, o simplemente resignarse ante su problema; debe tomar la iniciativa del cambio; hay que enfrentarse valientemente al problema, desde la intencionalidad del cambio.

> Ante un problema debemos plantearnos seriamente cambiar nosotros primero.

Cuando lo que intimida son las relaciones sociales el tímido debe revisar sus habilidades frente a los demás. El tímido debe partir del conocimiento que tiene de él mismo sobre lo que le intimida, tener claro qué es lo que teme de la relación social; si puede encontrar el origen primitivo de ese temor está bien que lo haga, pero poco importa quizá qué cosas pudieron producir su timidez; más que intentar saber las causas que mantienen nuestro problema presente debemos intentar solucionarlo con valentía: ¡encarándolo!

> Un problema se soluciona cuando nosotros estamos convencidos de que es posible encararlo, y nuestra forma de actuar debe ser lógica.

La vida misma está llena de problemas; pero sería adoptar una actitud pesimista no tratar de entender que los problemas son la tensión misma del vivir, y el vivir es un torrente de eventos, de circunstancias: el precio que debemos pagar por vivir consiste en someternos a la propia dinámica de la vida; eso sí: ¡con optimismo!

En la vida profesional de un matemático puede existir una dificultad para entender cómo solucionar un problema de orden científico, pero por eso no deja de intentarlo, no deja de plantear nuevas situaciones, proponer novedosas premisas e hipótesis que permitan solucionarlo; el científico no se deprime y abandona, sino que actúa, produce nuevas acciones intelectuales que le encaminen hacia la solución, además de ser éste el propio sentido de su profesión: el de encarar el problema científico.

Es cierto que los problemas humanos pertenecen a otra índole; no obstante, debemos también sacar ciertas

RELAJARSE

1. *Experiencia de calma:* aleje de su mente toda la angustia que le produce pensar, o estar, en una situación intimidante. Cierre los ojos y trate de imaginar un punto luminoso delante de su frente, a unos centímetros.

2. *Relajación muscular:* tense y relaje después todos los músculos de su cuerpo. Concéntrese en esa actividad que debe comenzar por la cabeza (cara), cuello y nuca, hombros, brazos y manos, abdomen, espalda, caderas, nalgas, piernas hasta lo pies (tense y relaje los músculos).

3. *Experiencia de respiración:* debe controlar la respiración y su ritmo, obtener una sensación generalizada de recogimiento. Espire e inspire por la nariz profundamente. Sienta el aire frío al entrar y cálido al salir.

4. *Experiencia de peso:* imaginando situaciones de peso o de ausencia de peso. Por ejemplo, diciéndonos mentalmente: «Mi brazo pesa como el plomo», usted puede producir vasodilataciones y favorecer un mejor riego sanguíneo. Hay que generalizarlo a todo el cuerpo.

5. *Experiencia cardíaca:* escuche los latidos de su corazón. Cuando estábamos en el útero de nuestra madre escuchábamos ese sonido: relaja.

6. *Experiencia abdominal:* hay que centrarse en la boca del estómago –plexo solar– y mediante la susgestión pensar que esa zona está caliente: calida; una vez vivido esto, hay que generalizarlo a todo el cuerpo, menos en la cabeza (frente).

7. *Experiencia de frescor en la frente:* mediante ideas como «Mi frente está fresca como el agua derramada de un trozo de hielo» podemos vivir esa sensación de frescor. Y así estamos un rato.

enseñanzas de ese modo de proceder para lograr su solución.

Desde mi punto de vista, creo que todo lo que he dicho antes nos está indicando una dirección: ante cualquier problema, humano o no, lo que debemos hacer es organizarnos; es decir, establecer un método, una manera sistemática de actuar frente a él.

Eso conlleva cosas esenciales, como conocer todas las circunstancias del problema. Si yo desconozco en qué términos se plantea difícilmente podré solucionarlo.

> Los problemas están para resolverlos, sino la vida sería un sin sentido. Los científicos proceden a resolver los problemas de la ciencia con la utilización de métodos; también es posible ser metódico con la solución de los problemas humanos

Cuando he conocido todas las variables que tiene un problema humano (o al menos las máximas posibles), cuando sé qué cosas lo han generado —aunque sea de modo aproximado— y sé qué circunstancias lo mantienen, estoy ya en muy buenas condiciones para aportar una solución correcta (o muchas soluciones).

Cuando ya vislumbro, en mi pensamiento, cuál puede ser la solución (o las soluciones) al problema humano, lo que hay que hacer es pasar a la acción; poner en práctica aquello que hemos determinado como la posible solución correcta al problema que tenemos.

Es verdad que en el mundo científico, ante un dilema, suele existir una solución exacta; en lo humano esto no es posible totalmente; lo que intuimos como la solución, finalmente, puede serlo, o no.

Por eso, todo problema humano debe encarar la revisión: debemos estudiar la solución y ver qué efecto produce, de tal modo que, si el resultado no es aquello que esperamos, hay que plantearse de nuevo toda la situación y volver a intentarlo de nuevo.

No estamos hablándole de cosas abstractas, sino de realidades concretas. Una ciencia como la psicología propone a sus profesionales, para curar las heridas del alma humana, metodologías que, de alguna manera, recuerdan todo lo que hemos descrito anteriormente.

Un psicólogo aplica normalmente, y dependiendo del modelo que elija para encarar los problemas humanos, lo que se denomina proceso de diagnóstico, consistente, en línea generales, en tratar de conocer dicho problema humano desde todos los ángulos posibles (en su origen y en su desarrollo, incluyendo las causas que lo mantienen) y a partir de ahí, conocer perfectamente la situación, plantearla, en lo que se llama fase de tratamiento, y buscar una solución.

> Cuando tratamos de solucionar un problema humano debemos buscar varias soluciones, aunque sólo pongamos en práctica una de ellas.

Esa solución, en la práctica psicológica, debe ser observada, evaluada, seguida en su influjo. Se propone, pues, un tratamiento y se hace un seguimiento del efecto que produce la solución planteada. Si con el tiempo se ve que no se han conseguido los resultados esperados, todo se vuelve a plantear de nuevo.

Lo que hemos expuesto hasta aquí para la solución del problema de la timidez, o de las reacciones que todo ser humano tiene con relación a la timidez, puede encararse desde esta perspectiva.

¿Cuál es mi problema de timidez?

Se deben traer a la conciencia todas las circunstancias que rodean mi problema de timidez. Una vez que comprendemos cuáles son las claves de la timidez que padecemos, hay que tratar de plantear muchas soluciones posibles. Esto nos puede costar un gran esfuerzo, pero, por supuesto, hay que enfrentarse con valentía a la posible solución. Nuestro libro trata de llegar a su conciencia para que usted delimite parte de su problema de timidez, y abordarlo desde la perspectiva de la solución. Esto puede ser difícil, no lo niego, pero no es imposible: ¡inténtelo, sea valiente y decidido!

Dale Carnegie propone para solucionar un problema una serie de actuaciones:

1. Identificar cuál es el problema.

2. Pensar en muchas soluciones posibles.

3. Adivinar las posibles consecuencias de cada una de las soluciones propuestas.

4. Tomar una decisión y elegir la mejor solución.

5. Ponerla en práctica.

CAPÍTULO II

EL ENTUSIASMO FRENTE
A LA TIMIDEZ

Entusiasmarse para vencer la timidez

Entré por la puerta de la casa de un amigo y dije desesperado: «*¡Qué modo de vivir el nuestro! Hoy estoy deprimido, sin ganas de nada...*» Y mi amigo sin pensárselo dos veces me dijo: «*Bueno, en ese caso, te haré un regalo para que te animes*», y me entregó una hoja que se titulaba:

«El entusiasmo»

No me pareció mala idea; contra la depresión: ¡entusiasmo!; contra la timidez: ¡acción!

Las ideas que se vertían en aquella página pertenecían muchas de ellas al famoso comunicador norteamericano Dale Carnegie. Leí:

«Vive con entusiasmo. Si lo haces así estarás invirtiendo en tu futuro.» La palabra entusiasmo me perece ahora maravillosa; suena bien. Entusiasmarse,

¿pero de qué?, ¿de quién? Y proseguí leyendo aquella hoja como si fuera una varita mágica para convertir mi tristeza interior en entusiasmo: *«El entusiasmo debe ser real, sincero, honrado, y venir del corazón, y es así uno de los factores más potentes del éxito en casi todas las clases de actividad. Un hombre es capaz de triunfar en casi todo lo que defiende con un entusiasmo ilimitado. El éxito consiste en el entusiasmo.»*

Me acordé, como buen samaritano, de mis lectores *«tímidos»*, y quise compartir con ellos la primera solución a sus problemas: ¡Entusiásmese! ¡Llénese de actividad contra la propia cárcel interior! ¡Rompa los muros y salga al aire de los demás! ¡Con entusiasmo! ¡Desde el centro de su corazón!

La timidez es posible vencerla si partimos de la idea de que puede ser vencida, y esto es una convicción que viene del interior, una certeza que nos anima, y precisamente esa energía es el entusiasmo.

> Lo mejor para vencer la timidez es entusiasmarse de lo que puede hacerse, de que la timidez puede desaparecer.
> Si usted no está convencido de que puede ser vencida, poco podrá hacer por autoayudarse.

Una idea contraria a esto que exponemos consiste en tratar de ocultar quiénes somos y lo que nos cuesta realizar las actividades del día a día, de la relación social. Aquel que está en la cárcel de la timidez puede hacer como el camaleón: cambiar de color; o como el avestruz: esconder la cabeza; o puede dar coces como los burros, mostrando su agresividad por su arrinconamiento interior.

Sin embargo, nada de eso cura su timidez; la disfraza simplemente, la esconde, la niega, pero no la soluciona. El entusiasmo, el deseo por el propio cambio, sí es una solución a la timidez. Usted, si es tímido, debe volar hacia el otro con

> No hay que huir, sino enfrentar las cosas: «Agarrar el toro por los cuernos».

entusiasmo, sin desmayo confíe en la relación social, será el triunfo de su propio deseo, de su propio entusiasmo.

Y mi amigo, al verme tan entusiasmado, dijo: «*Bueno, ahora que te veo menos deprimido te regalaré también algunas máximas que Carnegie y otros autores dan como ayuda para el buen vivir.*» Me encantó la idea y las leí con entusiasmo; se titulaban:

«*Máximas para el recuerdo*»

1. Un viaje de mil leguas comienza siempre dando el primer paso.

2. Todas las personas que conozco son superiores a mí en algún sentido, y en ese sentido yo aprendo de ellas.

3. La naturalidad es una habilidad fácil de adquirir; si solamente usted se olvida de sí mismo, se olvida de la impresión que está tratando de causar.

4. La mayor parte de nosotros tiene mucho más valor del que cree poseer.

5. La semilla de la amistad sólo necesita ser plantada en tierra fecunda para que germine.

6. ¡Actúa con entusiasmo y serás entusiasta!

7. Antes de ser fáciles todas las cosas son difíciles.

8. Hoy es vivir... La única vida que tenemos segura. Aprovéchese el día de hoy... este mismo momento. Interésese, despierte, vea, sienta. Permita que la brisa del entusiasmo le lleve a vivir mejor. ¡VIVA HOY!

9. La fatiga no es siempre producto de nuestro trabajo, sino de nuestra preocupación, frustración o resentimiento.

El valor, la amistad, el entusiasmo, vivir intensamente cada momento... son fórmulas contra la timidez.

10. Todo el mundo es elocuente cuando habla de lo que sabe.

11. Todo el que quiere tener éxito en la vida, ha de tomar por muestra a la perseverancia, por hermana a la experiencia, por guardiana a la prudencia y por amante a la esperanza.

12. No siempre las cosas que preparamos y hacemos son las que quisiéramos haber hecho.

13. La verdadera creatividad no está en la idea, sino en poner los medios para realizarla.

14. No debes temer a aquellos que no estén de acuerdo contigo, sino a aquellos que no están de acuerdo contigo y temen decírtelo.

15. Quien no ha probado lo amargo, no sabe lo que es el dulce.

16. El hombre que no es dueño de sí mismo, nunca se convertirá en dueño de nada. El que lo es, puede convertirse en amo de su propio destino.

17. No es difícil contraer amistades, lo difícil es mantenerlas.

18. El principio más profundo del carácter humano es el anhelo de ser apreciado.

19. Usted tiene al alcance de su mano el poder de añadir felicidad a este mundo. ¿Cómo?: Ofreciendo algunas palabras de aprecio y reconocimiento a alguien que se encuentre sólo y desanimado. Quizá usted olvide mañana las palabras dichas hoy, pero él las disfrutará el resto de su vida.

Poner los medios para hacer las cosas, no temer, ser dueño de uno mismo, mantener la amistad... son valores contra la timidez.

20. Una de las razones clave del éxito en la vida es la habilidad de mantener un interés diario por nuestro trabajo y tener entusiasmo por nuestras responsabilidades.

21. Termine cada día y olvídelo; usted hizo lo que pudo. Equivocaciones o torpezas pudieron cometerse. ¡Olvídelas en seguida! Mañana será un nuevo día y usted tiene que empezarlo lleno de vigor, esperanza y serenidad.

22. Cada vez estoy más convencido de que la felicidad y la infelicidad dependen mucho más de cómo nosotros afrontamos los sucesos de la vida, que la fuerza de los propios sucesos.

23. No juzgues si no quieres ser juzgado, piensa que son tal como nosotros seríamos en circunstancias similares.

24. La llave del éxito en la vida es el conocimiento del valor de las cosas.

25. La importancia no es saber que nos movemos, sino en qué dirección nos movemos.

26. La manera más segura de no fracasar es decidirse a tener éxito.

27. El trabajo más agobiante y costoso en la vida es el de no ser sincero.

28. El hombre ha nacido para ser feliz y esta felicidad está dentro de él, en la satisfacción de las diarias necesidades de su existencia.

29. Si el tiempo es lo más caro, la pérdida de tiempo es el mayor de los derroches.

No centrarse en el pasado, ser optimista, respetar a los demás, apreciar las cosas, tener un rumbo… son valores contra la timidez.

30. No se juzgue un hombre por las grandes cualidades que posee sino por el uso que hace de ellas.

31. Si tu voz es persuasiva encontrará eco en el corazón de quien te escucha.

32. La mayor escuela de la vida es la experiencia y el mayor conocimiento lo que de ella aprendemos.

33. Cuando el destino nos entregue un limón, tratemos de convertirlo en limonada.

Estaba claro que la lectura de estas máximas y sentencias, verdades como puños, terminaron por animarme, y me fui dispuesto a luchar con entusiasmo por las cosas de la vida, afrontaría con más valor mi propia timidez.

La confianza en uno mismo

Dice Mack R. Douglas que *«la base del entusiasmo se encuentra en una alta autoestima, ese conjunto de creencias que se retiene en la mente aceptadas como verdades sobre uno mismo, lo sean o no...».*

No hay nada mejor para vencer la timidez como la confianza en uno mismo. El tímido es un ser profundamente interiorizado e inseguro, probablemente lleno de complejos de inferioridad. La pauta que un tímido debe seguir para salir

> Cuando confiamos en nosotros mismos estamos vacunados contra la timidez.

de esa situación es confiar en sí mismo; es decir, llenarse de una autoestima positiva. Es cierto que es más fácil decirlo que hacerlo; sin embargo, hay que encarar esa labor con energía y decisión.

La autoestima negativa es la expresión del pensamiento negativo que el tímido suele tener sobre sí mismo. Si mis pensamientos están cargados de energía negativa contra mí: ¿cómo puedo ofrecer una opinión favorable a los demás? Los otros aceptan como bueno aquel valor que yo me doy a mí mismo como persona; es incomprensible que yo no me quiera y trate que los demás me estimen: eso es una incongruencia. Hay, pues, que hacer crecer mi propia confianza a partir de controlar los pensamientos que genero en el interior de mi persona y con relación a mí mismo, cuando éstos son de índole negativa.

Si yo me siento, desde la profundidad de mis pensamientos, como alguien sin ningún valor, lógicamente eso debe llevar aparejado un dolor psicológico, probablemente afectivo y sentimental, de tal manera que puede desencadenar en complejos, depresiones, timidez, frustración y conflicto. Es lógico, por tanto, que así suceda.

Salga de su propia tumba interior hacia los demás (si ése es su caso) confiando en sí mismo y en sus posibilidades. Si usted no apuesta por usted mismo: ¿quién lo va hacer?

Una vez alguien me dijo que cuando era adolescente pensaba comerse el mundo, pero pasaron los años, y cuando contaba ya una edad adulta, cambió su pensamiento y decía: «*Estoy seguro de que el mundo me ha comido a mí.*»

Durante su adolescencia había llegado a ser un chico entusiasta, extrovertido y con mucha ilusión por las cosas; en su edad adulta había sufrido muchos varapalos, y ahora era desconfiado e inseguro, tímido y algo introvertido.

Muchos son los adultos que se jactan de haber vivido una juventud espléndida, la cual añoran.

También me he encontrado personas cuyas vivencias son todo lo contrario: su juventud supuso un calvario de complejos, de experiencias intimidantes, de sufrimiento psicológico, y, sin embargo, en la edad adulta es cuando se sienten seguros, entusiastas y confiandos.

Probablemente, los primeros serán casos de procesos permanentes de inmadurez, de regresión y problemas de sentimientos y afectos, y los segundos sean casos de crecimiento interior, de dominio de sí mismo y, por tanto, de mayor plenitud.

> La autoestima positiva es posible cuando desde la raíz de nuestro interior hay un eco que no hace sentir valiosos para nosotros mismos y para los demás. Nada tiene esto que ver con la vanidad y el orgullo, sino con la satisfacción de sentirnos personas con valor.

No hace mucho escuché decir a un conocido artista español, muy famoso en las décadas de los 60 y 70, que él en su juventud había hecho cosas que ahora, en su adultez, valora como de muy atrevidas, y decía que eso era a causa de la *«inconsciencia propia de la juventud»*, pero que a todo eso que hizo realmente le da ahora un gran valor.

> Cuando no nos queremos a nosotros mismos estamos cavando nuestra propia tumba psicológica. La falta de autoestima depende de la experiencia que la persona ha vivido en relación a las personas que le rodearon durante su vida.

Parece que cuando la juventud es atrevida y un poco *«inconsciente»* los resultados pueden ser espléndidos. Quizá esto pueda enseñarnos que, cuando los seres humanos valoramos demasiado aquello que queremos, podemos estar dando vueltas, llenando de dudas nuestras propias acciones; esto muchas veces nos lleva a la no realización personal y social.

Y claro, cuando lo que deseamos lo sometemos a la energía de la acción y del entusiasmo, nuestros proyectos, nuestro plan de vida, se logran de una manera casi milagrosa.

Hay que llenar el interior de cada uno de energía positiva. Lo que puede evaluar el tipo de energía que usted tiene en su interior son los propios pensamientos que de usted emanan, son la consecuencia de esa energía. Esas personas que dicen que el mundo le ha comido o devorado, están diciendo realmente: *«Mire usted, no me encuentro ahora bien ubicado, me siento intimidado por el mundo, todo me sale mal»*, o cualquier otra cosa: en su interior lo que tiene es una fuerte carga de energía negativa, mientras que la persona que en su adultez se siente realizada, experimenta un buen nivel de crecimiento interior, puede de alguna forma hablar de lo bien que está en la propia vida.

Esto nos da una idea de cómo los propios pensamientos que nos manifestemos a nosotros mismos, como aquellos que desarrollemos para los demás a través de la comunicación, expresan realmente qué confianza tengo hacia mí mismo.

> A las cosas hay que darles sólo el valor que merecen, si las sobrevaloramos podemos caer en el temor y no lograr nuestro objetivo.

He oído decir: *«Cambia tu pensamiento, controla tu modo de pensar al respecto de ti mismo y tu conducta cambiará»*.

Es un buen ejercicio escucharse a uno mismo, saber qué hay detrás de los pensamientos y de las palabras, pero, probablemente, habría incluso que trabajar aspectos más internos de las personas para lograr que esas palabras y esos pensamientos sean la verdadera expresión de una vida más feliz.

Las palabras y los pensamientos son la consecuencia de nuestra experiencia con la vida. Hay por tanto que escuchar e interpretar lo que nuestros pensamientos y palabras dicen sobre nosotros mismos, y, a partir de ello, generar experiencias positivas que dinamiten los pensamientos y las palabras negativas. Le aconsejo, pues, que no sólo intente obrar con la mente sugestionándose con nuevos pensamientos y nuevas palabras positivas sobre usted mismo, sino que trate también de vivir experiencias positivas que le aseguren sobre la verdad de lo que dice y piensa. Las buenas experiencias con la vida le llenarán de energía positiva.

Y eso obrará en su persona en forma de confianza en sí mismo. Lo que se le pide es que cambie también sus costumbres, aquellas cosas que no le benefician, y debe hacerlo con valentía, enfrentándose con audacia y entusiasmo a los aspectos negativos que usted vive día a día.

Si una adolescente hablando con usted le dijera cada cierto número de palabras sobre sí misma: *«Soy una mierda»*, ¿usted qué pensaría sobre el momento que está viviendo esta adolescente?

Si logra convencerla, puede quizá animarla a que no piense de esa manera, y que sus pensamientos positivos transformen esta expresión. Será muy difícil que usted logre esa transformación de su pensamiento negativo sin que exista un cambio en la experiencia cotidiana de esta adolescente. Por ejemplo, que se atreva a una relación con los iguales más extrovertida, que logre una mayor empatía con su grupo de clase, que con las compañeras que la llamaron cosas muy desagradable logre un vínculo dinámico y positivo, y que en su barrio, donde una pandilla de jóvenes le amenazan, cedan en sus propósitos.

> Trate no sólo de tener pensamientos positivos, sino de vivir experiencias que apoyen estos pensamientos.
> Trate de enfrentarse con valor a las ideas negativas que tiene usted de sí mismo.

Mientras persistan todas las cosas que le han hecho decir sobre sí misma: *«Soy una mierda»,* no podemos hacer nada. Es decir, puede ser válido prohibirse a sí mismo decirse algo, pero lo que se deben lograr son nuevas experiencias positivas que llenen de valor el alma humana.

Y esas experiencias sólo son posibles si la persona quiere, desea enfrentarse a su problema, si se decide a la acción. La vida es la que nos llena de energía positiva o negativa, luego nosotros la traducimos en pensamientos, actitudes, comportamientos y palabras.

Trate de ganar y acumular experiencias positivas; el deseo y las ganas, la motivación interior, es lo que mueve a la persona hacia el propio cambio personal, hacia las nuevas experiencias.

> Nuestros pensamientos negativos se producen porque hemos tenido vivencias negativas.

El peligro reside en que nos encontremos conformes con nuestra propia desgracia interior y no queramos salir de ello. Ése es un imposible. Es caer en un pozo que no tiene fondo.

No cabe duda de que las experiencias positivas se ganan a través de aprender habilidades sociales positivas, y desde luego todo pasa porque nos planteemos un plan de acción con el que nos propongamos actuar conociendo cuál es nuestra realidad actual, e intentar cambiarla. Detrás de nuestros pensamientos y palabras está la confianza (o desconfianza) que cada cual posee sobre sí mismo.

AUTOESTIMA

1. Lo más importante para un ser humano, desde el punto de vista del desarrollo de la personalidad, es que los demás le aprecien, que los demás te quieran: «Lo que yo quiero es que me quieran».

2. Si deseo que los demás me aprecien, que los demás me quieran, debo quererme yo a mí mismo. Esto no debe entederse en el sentido narcisista (vivir para uno mismo) ni en el sentido antiético del egoísmo, sino que se trata de estar seguro de uno mismo, encontrándose bien, siendo positivo, marcándose un rumbo en la vida, tratando de disfrutar, madurar y crecer en un don único e irrepetible: estar en este planeta y vivir.

3. No trate sólo de cambiar su pensamiento interno negativo, la opinión que tiene de sí mismo, sino que debe verificar sobre el propio terreno de la vida (de la experiencia) que usted es realmente valioso, que es y puede hacer grandes cosas en la cotidianidad.
    Esta vivencia hará que su pensamiento y su conducta cambien, mejorando su propia calidad de vida personal.

TIMIDEZ Y AUTOESTIMA

4. Si la timidez es un producto que puede ir acompañado de una baja autoestima, quiere decir que el cambio de autoestima hacia la zona positiva repercutirá en que usted sea menos tímido, o que venza la propia timidez.

5. La inhibición de comportamientos asertivos, sociales, propios de la persona tímida, se debe a que teme a los demás porque valora de ellos aspectos que pone en relación con su persona, y que puede vivir con inferioridad. Cuando ganamos autoestima, precisamente esa valoración nos mueve hacia el plano de sentirse igual que los demás; esa actitud interna hará del tímido una persona capaz de salir del aislamiento interior: llegar a concluir que somos como todos los demás es un gran éxito del desarrollo y la maduración de la persona.

6. Un test natural que verifica, o diasgnostica, cómo es nuestra autoestima lo puede aplicar observándose su propia conducta verbal y las cosas que hace. Estas actitudes le revelarán si usted tiene baja autoestima y si además es tímido, y en qué: una alumna de un colegio no dejaba de decir continuamente cuando

hablaba de sí misma: *«Soy una mierda.»* Un hombre iba a realizar una acción: decirle a su jefe algo, pero, de repente, en el momento antes de iniciar la acción se retiene y cambia de opinión, y dice: *«Bueno ahora no es el momento oportuno, mañana lo haré.»* Pueden ser síntomas.

LA EXPERIMENTACIÓN EN LA REALIDAD

7. Los pensamientos internos son propios del acontecer intrínseco de las personas. Hay quien dice que lenguaje y pensamiento es lo mismo. Si yo ante algo pienso: *«No soy capaz»*, sin antes haberlo intentado, sin valorar siquiera la posibilidad de experimentarlo, es imposible que se realice la acción.

Ejemplo: *«No soy capaz de hablar ante toda esa gente.»* Si ese pensamiento hace que la persona se niegue a hablar en público, ésa es una actitud que le asevera como tímido y, además, la propia actitud negativa potencia ser un tímido consumado.

Cuando la persona dice: *«Sé que no soy capaz de hablar en público, pero lo intentaré»*, comienza a entrar en otro nivel de actitud, aquí ya es posible autotransformarse. Por ejemplo: esa persona en una ocasión que se le presenta habla en público, lo pasa mal, pero dice que es capaz de hacerlo y que además le ha salido bien, se ha sentido feliz. Su pensamiento interno cambiará: *«Sé que me cuesta hablar en público, pero soy capaz, puedo hacerlo, y además me satisface.»* Este cambio de actitud, junto con la obligación de actuar sobre la realidad y vivir experiencias positivas es lo que hace posible una mejora en la estima personal y, por supuesto, da soluciones al tema de la timidez. Hay que enfrentarse a las cosas; con moderación, pero con firmeza y decisión.

CÓMO ATACAR LOS PENSAMIENTOS NEGATIVOS

8. En el ejemplo anterior: *«No soy capaz de...»*, lo que se pone en evidencia es la aparición de un pensamiento negativo. Diariamente al enfrentarnos a las cosas podemos generar una cantidad ingente de estos pensamientos bajo la fórmula anterior, o bajo otro tipo de formulación: *«No valgo»; «No quiero»; «Es una pesadilla»*. Detrás de muchas de estas fórmulas se esconde la autoestima negativa y la timidez. Ésas serían las formulaciones de los pensamientos negativos. Hay que valorar a través de la autoobservación si las em-

pleamos con mucha frecuencia. Si así es, debemos comenzar a trabajar nuestros pensamientos. Nos podemos decir: «Sé que lo puedo hacer mal, pero lo hago». *«Es un rollo, pero voy a motivarme e intentar apreciar lo bien que está». «No me gusta ir de fiesta, pero cuando salga disfrutaré».* Éstos pueden ser cambios de pensamientos, pero todos llevan la dirección de la acción sobre la realidad. No es el cambio de pensamiento lo que soluciona la timidez y la baja autoestima, sino la acción que implica pensar de otra manera, ello conduce a comportamientos sobre la realidad diferentes. Es más, es la experiencia sobre la vida lo que ratificará el pensamiento positivo, o el negativo. La solución a la timidez pasa por la experiencia.

CAPÍTULO III

EL ENEMIGO EN LA MENTE: EL TEMOR O EL MIEDO

El miedo

Dice Dale Carnegie en una de sus máximas con respecto al temor:

> *«¡Vosotros podéis vencer cualquier temor, si solamente decidís hacerlo! Porque... recordad: el temor solamente existe en la mente.»*

¿Miedo a qué? ¿Miedo a quién? El miedo no existe fuera de nuestros pensamientos; Susan Jefeers dice:

> *«El miedo parece ser epidémico en nuestra sociedad. Tememos los comienzos, tememos los finales. Tenemos miedo de cambiar, tenemos miedo de atascarnos. Tememos el éxito, tememos el fracaso. Tenemos miedo de vivir, tenemos miedo de morir.»*

Y es que todo está plagado de miedos; el tímido es un miedoso por excelencia, es un miedoso que huye, se recluye, se niega. Curarse de la timidez es tener entusiasmo para vencer el propio miedo que nos dan las situaciones, las personas y las cosas que nos intimidan.

El entusiasmo es un valor contra el miedo. La timidez parece estar ineludiblemente unida al temor. Lacroix decía:

> *«La palabra timidez evoca siempre temor, y sin duda es éste su sentido más frecuente, así como su acepción más general. De un niño que rehúye dar los buenos días, se dice: "Discúlpenle, es miedoso." De un industrial que se asusta ante empresas demasiado ambiciosas, que no desarrolla lo suficiente su negocio, porque teme excesivamente el riesgo, se dice: "Es un espíritu tímido", lo que equivale a decir que tiene poca envergadura. En cambio, a aquel que no tiene miedo a nada, que detenta ideas atrevidas y las pone en práctica, se le califica si triunfa de espíritu audaz, y si fracasa de espíritu temerario. Parece, pues, que vulgarmente se le llama tímido a aquel que carece de audacia, a aquel que no se atreve. Indudablemente, no hay en esto noción alguna de cobardía ni de valentía, y cuando se dice que el espíritu tímido es aquel que carece de audacia, no se pretende, de ningún modo, demostrar que es un cobarde. Si la timidez es un temor, es un temor de índole muy especial: parece ser el temor a la opinión de los demás. El tímido tiene miedo de las personas e intenta evadirse de ellas.»*

Desterrar los temores y los miedos es el fundamento de una vida feliz y plena.

Nuestra sociedad actual está llena de temores, de miedos.

Tengo miedo a hablar en público

¿Qué es el entusiasmo sino la voz de mi interior que me dicta cambiar mis pensamientos, mis deseos, mis comportamientos, mis actitudes?

¡Me da miedo hablar en público! Muy sencillo: ¡Cambia con entusiasmo el valor que tienes sobre el público!

¿Quién es el público?, pregúntate.

Si pensases de otro modo sobre ello, podrías quizá mirarlos a la cara, en su conjunto, y hablar como hablas en la intimidad de tu persona. Cambia con entusiasmo el valor que sueles dar a las cosas que te intimidan y las cosas cambiarán para ti,

> Cuando quiera vencer su timidez, cambie el valor de las cosas que le intimidan.

de tal modo que fluirá el verbo a tu garganta como el suave río corre por la pendiente del monte, y los demás te escucharán entusiasmados porque sienten en tu voz la verdad, sienten tu corazón.

¿Quién es el público? El público son personas que viven como tú, que están deseosas de ser amadas. Cuando hables en público pon el entusiasmo de la sinceridad en tus palabras, será la mejor cualidad de los pensamientos que expreses a los otros. Bien saben estas cosas los políticos que juegan con el verbo exaltado, aunque a veces sus palabras sean huecas e inciertas. ¿Quién es el público?

Tengo miedo a suspender

Tenemos miedo y por eso a veces fracasamos, y a veces fracasamos ante cosas realmente increíbles. *«Me paralicé ante el examen»,* dice una pobre alumna de COU. ¿Pero qué es un examen en el conjunto de la vida? Mira de otro modo el examen.

Enfréntate a tu miedo con el entusiasmo de vencerlo, y di: *«¡Un examen es un examen y nada más!».* En ese instante que quitas el temor y lo reduces a la nada dejas las cosas en su sitio; el examen es ya una simple coyuntura, y habrá desaparecido tu temor, tu miedo. Podrás, con entusiasmo, hacer que fluyan tus propios pensamientos, tus conocimientos, y tu examen será un simple paseo de ida y vuelta en el mare mágnum de sucesos de la vida: un examen se olvida pronto.

> El miedo nos garantiza un porcentaje de fracaso ante la cosa que tememos.

Es posible vencer la timidez cuando nos enfrentamos a ella sin reservas, con el entusiasmo de destruirla. ¡Cambia los pensamientos que tienes sobre las cosas que te intimidan!

Tengo miedo a no gustarte

Quizá sea que el tímido no se valora a sí mismo lo suficiente como para poder encarar la aceptación, o no, de los demás.

Si tiene miedo a no gustar al otro, hay que planificar de inmediato el cambio. No hay que hacer nada con los demás ni con uno mismo a niveles que no sean los mentales.

Hay que cambiar el valor que yo realizo sobre mí mismo. Deberé comenzar por apreciarme más y sentir que yo me gusto como soy; más que gustarme, sentirme cómodo conmigo mismo, y luego trataré de acercarme al otro. Si he cambiado mis pensamientos sobre mí mismo veremos que en el otro no hay nada que temer.

Tememos no gustar porque en el fondo nos estamos rechazando a nosotros mismos. Si no nos gustamos, ¿cómo vamos a gustar así a nadie?

La metamorfosis la tiene que hacer de usted mismo, cambiando las percepciones y las sensaciones que tiene sobre su persona: no le digo que eso sea tarea fácil, pero si lo intenta con

> Sentirse bien con uno mismo es la base para gustar a los demás.
> La metamorfosis se logra cuando cambiamos nuestras propias percepciones y sensaciones.

¡entusiasmo!, todo le vendrá dado por añadidura. Cambiar la mirada que uno tiene sobre sí mismo es dar nuevos aires a la propia personalidad.

Tengo miedo a ser feo y que no me quieran

Uno se puede hacer el más feo del mundo aunque su belleza sea realmente fenomenal. En realidad, somos lo que somos en la mirada de nuestro interior, en el espejo que todos llevamos dentro. Lo que refleje nuestra luz interna es lo que proyectaremos sobre los demás.

Hay feos y feas que son realmente guapos y guapas; porque son ellos los que proyectan hacia los demás su propia mirada en la valoración positiva que realizan sobre sí mismos.

> La percepción que los demás tengan sobre nosotros mismos va a depender de cómo nos sintamos.

No querer dar una imagen desfavorable de la propia persona y tornarse tímido por ello es, realmente, despreciarse frente a los demás. Hay que tener entusiasmo para ser poco agraciado y que los demás te vean como alguien encantador. Si su nariz es fea, mírela usted primero con buenos ojos y los demás verán su nariz como una nariz, y nada más.

El miedo se vence siendo dueño de uno mismo

Ser dueño de uno mismo significa tener una autoestima positiva, tener un buen concepto de quién es uno; realmente, ayuda a gobernar la nave que cada uno somos.

El temor nos puede volver torpes, y eliminarlo con nuestro entusiasmo significa, por supuesto, desterrar con nuestra imaginación el miedo, el temor. Ser dueño de mí mismo significa: *«Ya no temo»*.

Dejo de ser dueño de mí mismo cuando doy importancia a las cosas que no la tienen. Muchas veces sobrevaloramos todo aquello que nos rodea, y en esa sobrevaloración nos hacemos pequeños, dejamos de ser dueños de nosotros mismos, y justo es ahí donde el temor nos atenaza y perdemos el control.

«Ser o no ser dueños de nosotros mismos», ésa es la cuestión. ¿Y si no lo somos nosotros quién lo es?: el temor.

El entusiasmo es el mejor gobierno de uno mismo.

Temo que los demás estén pendientes de mí.

Hay que ser menos vanidoso para vencer el temor de creer que uno está siendo observado.

Cuando hacemos de nosotros mismos el centro del universo, ese egocentrismo consigue que demos también mucha importancia a todo lo que nos rodea.

Eliminar el exceso de egocentrismo sería uno de los factores fundamentales para perder el miedo a creer que todo el mundo está pendiente de mis propios fallos y virtudes.

Hay que descubrir, en nuestro propio sistema social, que somos uno más. Y hay que ser muy entusiasta para cambiar de pensamiento en este sentido.

> Si el dueño de nosotros mismos es el temor, es lo peor que nos puede suceder.

Ante el temor que los demás producen en nosotros, hay que anticipar pensamientos positivos como: *«Sé quién soy, uno más, alguien tan importante como cualquiera»*, y el temor se evadirá. Normalmente quien cree ser muy importante es porque objetivamente carece de importancia, quizá sea tímido o acomplejado.

Explica Enrique Echeburúa, hablando del sistema social del tímido:

> *«El tímido cree que los demás están pendientes exclusivamente de su conducta, lo que les hace comportarse con torpeza. Evalúan de forma negativa todas las relaciones y se sienten culpables por los fallos que pueden ocurrir en cualquier situación. Recuerdan únicamente las reuniones sociales en las que se han sentido violentos, olvidando los momentos positivos. Su falta de confianza les hace subestimar sus propias habilidades en las reuniones y, sin embargo, sobrevaloran la probabilidad de que ocurran cosas negativas».*

Lacroix diría:

> *«El tímido no se deja penetrar por los demás: está escondiendo algo. De ahí el conflicto secreto de este carácter: es este ser que tanto quisiera abrirse a los demás y no sabe cómo hacerlo, hay algo falso. Ser tímido es huir de las relaciones sociales por temor a sentirse inferior en ellas. Pero esta huida se lleva a cabo no sin pensar y dejar en el corazón una herida secreta.»*

Apreciar que dentro de nuestro entorno social somos uno más es madurar en nuestra persona.

Y está bien claro lo que hay que hacer: ¡abrir con entusiasmo el alma sin temor! Hay que dejar de huir, de sentirse impotente y acomplejado con relación a los demás, cambiando el propio sistema de pensamiento. Hay que ocupar el lugar que nos corresponde sin temor ni miedo, hay que hacerlo con entusiasmo.

El mundo es un lugar para el amor

Si todo lo que nos rodea nos amenaza, resulta intimidante, nos asusta, el mundo es un lugar terrible para vivir y ser feliz.

El amor se puede lograr si se cuenta con el otro, si se abre el corazón a los demás y se siente uno confiado.

Dice Susan Jefers:

> *«Siempre que corremos un riesgo y entramos en un territorio poco familiar o nos colocamos en el mundo en una forma nueva, experimentamos miedo. Muy a menudo ese miedo impide que progresemos en nuestras vidas. El secreto consiste en sentir el miedo y hacerlo de todos modos.»*

Ésa es una de las claves que venimos dando a lo largo de todo el libro: hay que enfrentarse a las cosas que nos intimidan, aunque esa aproximación la realicemos de una manera progresiva, poco a poco. Y para poder realizar ese acercamiento debemos cambiar principalmente nuestros pensamientos sobre las cosas. Todo está en nuestra cabeza, con ella y sus cambios podemos tomar las riendas de nuestras vidas modificando nuestro estilo. Esto no es fácil, pero tampoco imposible.

> Sólo en el amor: en amar y ser amado está la felicidad de vivir en este mundo.

Con entusiasmo lo podemos lograr: todas las cosas que llegan a nuestra mente pueden hacer cambiar nuestra conducta, o al menos condicionarla. Por tanto abramos nuestra conciencia a las ideas positivas, al optimismo.

Proyectar el miedo a los demás es un error

El miedo condiciona de tal modo que nos puede hacer vivir una vida extraña a nosotros mismos; por ese motivo es necesario combatir el miedo, el temor.

Dice Susan Jeffers que podemos tener muchos miedos específicos en la vida, pero quizá lo que nos pasa es que *«en el fondo detrás de cada uno de los miedos está simplemente el miedo»*, y concluye que:

> *«Si usted supiera que podemos afrontar cualquier cosa que se interponga en su camino... ¿qué tendría que temer?»*

Nos debemos reafirmar en vencer la timidez a través de afrontar cualquier miedo. Podemos plantar cara a cualquier cosa con nuestra mente fomentando nuestra propia autoestima. El temor es algo proyectivo que vivimos en nuestro interior y podemos tanto quedárnoslo nosotros como transmitirlo a los demás. Recuerdo la anécdota

> El miedo no sólo nos afecta a nosotros sino que lo podemos proyectar a los demás; si los otros lo aprecian así, pueden llegar a rechazarnos.

de dos personas que iban caminando por la playa descalzas y una de ellas le decía a la otra: *«Tenga cuidado que puede pisar un cristal y cortarse la planta del pie»*; la persona que escuchó esto puso desde ese momento más atención a la hora de pasear por la playa descalza. Era muy improbable encontrar allí ningún cristal. Sólo era un miedo que se había generado en el interior de uno de ellos, y que había sido transmitido al otro a través de una observación verbal.

Al interactuar los unos con los otros podemos estar proyectando nuestros propios temores. Nuestros miedos pueden expandirse de unos a otros, y al afectar a los demás pueden no ser neutros.

Debemos defendernos de los miedos ajenos, intentar no hacerlos nuestros, y en caso de que exista un peligro real, valorarlo con objetividad.

Unos padres que vinieron en cierta ocasión a consultar sobre un niño que presentaba una patosidad muy marcada me instaron para ver qué podían hacer. Lo primero que tenían asentado con firmeza en sus mentes era la idea de que la patosidad debía ser algo que se heredaba; la verdad es que esos padres estaban llenos de miedos y temores a que su hijo al subirse al tobogán se cayera; o al subir una escalera, o al correr, o al andar, o al jugar...

> Si a un niño pequeño le estamos continuamente diciendo «ten cuidado que te puedes caer», nuestro temor se puede transformar en patosidad, y afectar en forma de retraso motor su desarrollo. Tener temor no es neutro.

Siempre estaban con lo de: *«Ten cuidado que te puedes caer»*, *«Ten cuidado que ahí existe mucho peligro»*, *«¡Ten cuidado que...!»*. Lógicamente, el niño había asumido el temor de los padres y se negaba frecuentemente a subir o bajar de los sitios, a saltar y correr: tenía el miedo de sus padres incorporado.

Ese temor del niño se había tornado inseguridad psicomotora.

«¡Cómo no va a ser patoso el niño!», les dije.

Los miedos se transmiten como los virus. Debemos procurar vencer nuestros miedos personales, pero no transmitiéndolos a los demás como mecanismos de nuestra propia defensa; así también nosotros deberemos estar muy alertas para que los otros no nos transmitan sus propios temores y afecten nuestras vidas.

No quiero decir que seamos insolidarios con los problemas de los demás, ni mucho menos, sino que cuidemos de que los problemas de otras personas no afecten nuestras vidas.

Dicen en mi profesión, los que siguen la corriente psicoanalista tradicional, que el terapeuta no debe dejarse condicionar en su propio ánimo por todo aquello que su paciente le transfiere en forma de vivencias y emociones; además de que el terapeuta debe también analizar

> El miedo se transmite como el virus por el aire, solamente que, en este caso, el aire es la atmósfera psicológica.

y mantener controlada las propias emociones que transmite al paciente, denominándose a estos fenómenos con los nombres de «*transferencia*» y «*contratransferencia*».

Esto se da en cualquier interacción que dos humanos realicen, y el miedo es un «*espanto*» que fácilmente puede transferirse.

Al hilo de este planteamiento sobre la transmisión de los temores, con relación al tímido, es de mucho interés saber que la gente no gusta de verse avasallada por problemas ajenos. Las personas suelen huir de los que siempre están con sus egoístas temores dando la «*vara*» todo el día.

El tímido que está lleno de temores y de miedos debe procurar que en sus contactos no se transmita esa angustia a nivel verbal o no verbal. El tímido debe partir del entusiasmo, eliminar el negativismo, y exponerse a los demás en la línea del optimismo. Ése es el cambio que se le pide. Las personas realizan más contacto con las personas que rezuman energía, entusiasmo, ilusión, optimismo.

La falta de confianza en uno mismo

La falta de confianza en uno mismo es el motivo de que nuestros éxitos queden mermados; es más, nos puede llevar al fracaso, y en ese caso, a enfrascarnos en el temor y por lo mismo en la timidez. Aunque este tema ya lo hemos abordado de alguna manera, es necesario que podamos, a partir de saber que nos falta esa confianza básica, generar la capacidad de adquirir ese bien que es la confianza en nosotros mismos.

> La gente suele huir de las personas que están continuamente proyectando en los demás sus angustias, miedos y temores.

Cuando desconfiamos en nuestras posibilidades corremos el peligro de lograr menos cosas que si sentimos de modo contrario. Desde luego, es difícil que podamos ganar esa confianza de la noche a la mañana, pero de lo que no cabe duda es de que podemos ir ya pensando en cambiar nuestra actitud hacia nosotros mismos.

Jeffers dice:«*Suceda lo que suceda en cualquier situación ¡puedo afrontarlo!*». Esto quiere decir que, si empiezo pensando en positivo esta cuestión y de esa manera, mis pensamientos se transformarán en una actitud, y esa actitud en una conducta, que finalmente nos llevará irremisiblemente a ganar confianza en positivo, y por tanto a desterrar la timidez.

Si algo nos produce miedo debemos afrontarlo, no huir de ello, pues de otro modo aquello que íbamos a realizar es probable que no volvamos a hacerlo jamás.

La mente va por delante de la acción, y son muchos lo temores que podemos encontrar ante situaciones o cosas que pueden producirnos angustia.

Cada cual piense en la anécdota que más le guste, en la huida más clara que realizará ante la presión de algo que le asusta.

Pero si, después de realizado aquello que tanto se temía, valoramos la confianza que ganamos a la hora de realizarlo, resulta realmente increíble el disfrute y el crecimiento personal que sentimos.

A mí personalmente siempre me costó hablar en público, y ahora son incalculables los cursos y charlas que he podido dar (a profesores de colegios, padres y alumnos).

> Desde la perspectiva de confiar en nosotros mismos podemos conquistar todo el espacio social.

La primera vez supone una especie de tortura, pero, más que por la propia actuación en sí, son los temores y las inseguridades los que te atenazan, los que te hacen sentirte mal, y mucho más antes de enfrentarte a la acción que cuando estás en ella. Cuando estás en la acción es como quien se tira al agua y recibe la sensación del chapuzón y después todo ha pasado, o algo así. Lo cierto es que en cualquier situación en la que tienes que superar la timidez, el peor momento es aquel que antecede al acto en sí, justo antes o en un tiempo anterior más separado de la acción.

A mí me sucede particularmente que, cuando tengo que hacer algo que supuestamente temo, me agobio y la única manera de superarlo es frenando cualquier contacto con la situación que me asusta.

Sin embargo, las cosas, sean las que sean, hay que afrontarlas, hay que echarle valor y ¡adelante!

Es bueno que practiquemos la desconexión con nuestros propios temores: no lo piense demasiado y actúe. La mente es increíblemente temerosa.

Viva el momento en el que está, sea previsor hacia el futuro, pero no se angustie.

> Al realizar las cosas que tememos logramos sentir que no es para tanto, y que realmente nuestro temor era una pura ilusión.

Cuando nos llenamos de inquietud ante las cosas que están por venir, nos hacemos infelices y nos perdemos la hermosura del momento en que estamos viviendo.

Hay que hacer un alto en el camino y disfrutar de lo que tenemos, y lo que temamos en cada instante lo afrontamos, recuerde ¡con entusiasmo!

Yo no sé si usted ha visto a esos practicantes budistas, que, uno de ellos, frente al grupo, tiene a un lado, durante la sesión de meditación, una pequeña campanilla, que toca para sus compañeros cada cierto período de tiempo.

Pues bien, ese sonido recuerda a la persona mientras medita que debe volver al momento presente: al aquí y al ahora.

Es una fórmula de meditación que nos hace vivir la vida con más intensidad.

Le cuento esto porque quizá los temores futuros, todo aquello que nos atenaza hay que controlarlo desde el momento presente vaciándolo del temor y del miedo. *«¿Qué haré? ¿Qué dirán de mí? ¿Sabré? ¿No voy a poder?* Son las cuestiones del temor y del miedo, que debemos combatir diciendo siempre: *¡Lo afrontaré y todo saldrá bien!*

Cuando no tenemos costumbre ante algo, y ese algo es novedoso, un terreno nuevo, resulta lógico que el temor aparezca, pero hay que controlarlo.

Todo el mundo tiene miedo, como dice Jeffers:

> *«No sólo yo siento miedo cuando piso terreno desconocido, lo mismo les ocurre a todos los demás.»*

Siguiendo con las disquisiciones de esta autora, lo más terrible que podemos hacer con nuestro miedo es cuidarlo, es tenerlo con nosotros, hacer que guíe nuestras vidas, de tal manera que el temor nos lleve a no alcanzar determinadas metas, determinados objetivos.

Si por el miedo que provocan las cosas nosotros huimos, como hace el tímido, el precio es nuestra reclusión interior, es vivir una vida sin sentido personal en el orden de la autorrealización. La confianza básica desaparece y, por supuesto, la satisfacción de vivir.

> Hay que estar siempre en el presente, de tal modo que el futuro no sea una carga agregada a nuestra vida en forma de temor.

La monotonía nos gana el pulso y no realizamos nuestros sueños: *«¿Y qué más da si sólo tenemos una vida?»*, diría el irónico...

Y ésta es la quinta verdad de la encantadora Jeffers:

> *«Vencer el miedo asusta menos que vivir con el miedo subconsciente que proviene de una sensación de impotencia.»*

Quiere decir que hacer las cosas por temor nos lleva a la impotencia, y esto se produce por no vencer el miedo que nos acarrea.

Quizá ésta sea le sensación del tímido: la de la impotencia y el fracaso en

> El miedo nos puede recluir en la cárcel de la soledad.

la vida. El otro territorio que le queda es la agresividad y el conflicto personal con él mismo y con su entorno.

CONTRA LA TIMIDEZ SOCIAL

1. Las estrategias para eliminar la timidez e incrementar la autoestima positiva deben basarse en el autocontrol personal, en moderar los propios pensamientos y en saber afrontar lo social aprendiendo habilidades que nos integren en nuestros círculos sociales más y mejor.

2. Si para usted todo lo social es un temor continuo, todo lo ve con miedo, está justo en la boca del volcán; es decir, está afectando negativamente a su personalidad, está destruyendo sus estructuras de pensamiento y su comportamiento adaptado; uno de los efectos que produce ese temor es eso que se llama timidez.

3. La timidez es una respuesta ante la ansiedad, la tensión, el bloqueo, el temor..., que los demás producen en mí. La consecuencia de vivir así es la desadaptación al entorno.

ROMPER NUESTROS HÁBITOS

4. *«La pescadilla que se muerde la cola»*: si estoy desadaptado al entorno, y pienso que no puedo adaptarme a él, y genero pensamientos

e ideas negativas, estoy ratificando mi timidez, y eso refuerza mis problemas de adaptación al medio social, lo cual me lleva a tener miedo, tensión, ansiedad y, al mismo tiempo, me avoca al fracaso y de nuevo comienza todo el proceso. Hay que salir de ese círculo intentando romper ese *feedback*.

5. La timidez es un conflicto consigo mismo y con los demás. Desde el punto de vista del análisis transaccional, de alguna manera el sentido de la objetividad (el adulto que todos llevamos dentro), queda anulado de nuestra vida, y quedamos a merced de nuestros instintos, de nuestras necesidades (no nos esforzamos para no recibir displacer, evitamos lo social que nos atemoriza), potenciamos un niño caprichoso e inmaduro, poco práctico. El padre que todos llevamos dentro se torna crítico; son nuestros pensamientos ratificándonos lo incapaces que somos para hacer las cosas, de no atrevernos. La única solución a este conflcito consiste en recuperar nuestra parte adulta; es decir, nuestra madurez, nuestro sentido de la objetividad; esta dimensión de nuestra personalidad puede hacer que encaremos nuestras deficiencias de seres tímidos, haciendo que nos enfrentemos a las cosas.

LA TIMIDEZ NO EXISTE CUANDO
YO ESTOY BIEN Y TÚ ESTÁS BIEN

6. Siguiendo con las ideas del A. T. es posible vencer la timidez cuando la persona tímida se reconcilie con el otro, y se transige en la relación interpersonal la vivencia: *«Yo estoy bien; tú estás bien».* Es decir, hemos superado nuestras diferencias de percepción; hemos eliminado los miedos que tenemos, también los temores, y al relacionarnos nos encontramos bien. Aquí se supera la timidez; cuando lo generalizamos a otros contextos sociales, la persona ya no es tímida.

7. Según la teoría del doctor Eric Berne, en nuestras relaciones interpersonales damos y recibimos caricias o reprimendas que pueden ser negativas o positivas. El tímido en sus relaciones interpersonales debe potenciar las caricias positivas; por ejemplo, el uso del elogio y la evitación de la crítica negativa.

8. Según Berne, existe en la persona una serie de posiciones vitales que nos permiten, o no, *«triunfar con todos».* La posición óptima sería: *«Yo estoy bien, tú estás bien.»* La peor de todas sería: *«Yo estoy mal, tú estás mal»,* y las intermedias donde el conflicto se afirma

son: *«Yo estoy bien, tú estás mal»*, y *«Yo estoy mal, tú estás bien»*. No hace falta comentar en qué posición vital está el tímido y hacia dónde debe ir para solucionar su problema vital como persona tímida.

LA TIMIDEZ EN LA ESTRUCTURA DE LA PERSONALIDAD

9.   Para el A. T el Padre que cada uno lleva dentro de sí representa los valores sociales que ha aprendido, y es el influjo que la sociedad ejerce sobre cada uno de nosotros desde que nacemos. Estas funciones pueden ser positivas (nos protegen y alientan) o negativas (nos castigan y corrigen). El tímido vive frecuentemente un padre crítico, al que teme y evita.

10.   Para el A.T, el Adulto que todos llevamos dentro es todo lo que hay en nosotros de racionalidad. Representa nuestra parte racional; representa el orden. El tímido se deja llevar por la irracionalidad del miedo, y normalmente anula esa dimesión de la personalidad. Deja de ser objetivo para sumirse en el interior de su soledad psicológica. Las funciones del adulto, que son las de recopilar datos, interpretarlos, decidirse, actuar, en el tímido quedan anuladas o mermadas.

11. Para el A. T., el Niño que todos llevamos dentro representa el mundo de los sentimientos; es todo lo que es indomable en la persona, lo que es emoción, reacciones internas frente a los demás. El tímido está invadido de esas tendecias internas, de tal modo que anula al adulto, y se deja llevar por su propia emotividad, irracionalidad, encerrándose en su propia cárcel interior. El tímido debe equilibrar: al Niño, al Adulto y al Padre.

PARTE III

LA TIMIDEZ PROYECTADA EN LA ESCRITURA

CAPÍTULO I

¿QUÉ ES LA GRAFOLOGÍA?

Significado de la grafología

¿Qué es la grafología para que nos descubra nuestra personalidad? Me va a permitir el lector que me extienda sobre lo que significa esta ciencia, y justificar así lo que digamos sobre la timidez y la escritura. Si no le interesase, puede saltar toda esta parte hasta donde damos una interpretación de la inferioridad del hombre proyectada en la escritura, según indica el prestigioso grafólogo Mauricio Xandró.

La grafología es una ciencia que permite estudiar, desde su carácter simbólico, la personalidad humana; podemos considerar que en la escritura quedan rastros de nuestra personalidad. Al estudiar la escritura, el grafólogo trata de obtener las leyes de interpretación simbólicas que le permiten conocer la personalidad humana.

Cada ciencia tiene su propio campo que la caracteriza, y sus procedimientos para conocer su objeto. Esto sucede con la ciencia grafológica, cuyo objeto de estudio es la escritura como base de depósito de la personalidad humana o, por decirlo de otra forma: la escritura es en sí misma la expresión proyectiva de la personalidad del hombre, es una huella que forma parte del hombre mismo.

La grafología, desde hace más de un siglo, como cita Nanot en su obra *Grafología*, ha ido decantando su cientificidad según se ha ido abriendo el campo de estudio. El término significa *«tratado de la escritura»*, las primeras sistematizaciones son obra del abate J. H. Michon realizadas en el siglo XIX.

Cuenta este mismo autor que es en 1812 cuando aparece la primera obra con el carácter de la grafología actual, de Eduardo Hocquary, cuyo título define, con más o menos claridad, el objeto de la ciencia grafológica, al titularse *«El arte de juzgar el espíritu y el carácter de las personas por su escritura»;* dice Adolfo Nanot que este historiador, literato y filólogo partió de la idea de que existe una relación entre el carácter y el gesto de esa actitud traducido sobre el papel.

Ésta es la primera aproximación histórica que conocemos donde medianamente se define un campo de estudio nuevo. Luego, las investigaciones comenzaron a sistematizarse con J. H. Michon en el siglo pasado; la más afortunada de sus obras se titula *Método práctico de la grafología*.

Para la psicología experimental, un autor como McGuigan, considera que el método científico es un proceso ordenado por el cual las ciencias obtienen solución a sus problemas. La grafología ha tratado históricamente de sistematizar, de conocer, el nexo entre la escritura y la personalidad humana.

Volviendo a Nanot, este autor nos cuenta cómo Michon crea la ciencia grafológica, dándole nombre a un saber, cuyo objeto de estudio consiste en investigar cuál era la relación entre el carácter humano y la escritura; más tarde se pudo ampliar el campo a la interpretación.

Después del abate ha habido todo un arsenal de prestigiosos grafólogos que han sistematizado esta ciencia, como son J. Crepieux, Matilde Ras, Lecerf, Klages, Max Pulver, Francisco la Cueva, F. Vels, Xandró, Moretti, Muñoz Espinalt y tantos otros.

La grafología es una gran disciplina con un objeto claro y múltiples métodos de observación e interpretación.

Obviamente, si tratásemos de hacer una reflexión profunda sobre esto, caeremos en la cuenta de que el ser humano expresa su esencia, su naturaleza, su modo de ser, su trascendencia en todo lo que hace, en cualquier parte deja rastro de su psique, de su carácter y temperamento, de su personalidad. Es decir, es capaz de dejar su huella, su singularidad, en cuantas cosas hace.

El estudio de esta singularidad dejada sobre la producción escrita es campo u objeto de estudio para la grafología, ya que ésta descubre en el grafismo humano, como bien comenta Ángel Posada [1977] en *Grafología y Grafopatología,* la *«expresión y la manifestación general de la mente y del carácter traducidas en signos exteriores».* La obra citada anteriormente, como corresponde a un autor prestigioso, no deja de apuntar que la escritura, para poder ser interpretada en su naturaleza gráfica, debe ser entendida dentro de la multiplicidad de su realidad, que en sí misma brinda planos insospechadamente interesantes para el grafólogo científico.

147

La escritura y su significado grafológico

Una disciplina como la arqueología, y no pongo este ejemplo por casualidad, ciencia que interpreta y reconstruye el pasado humano, a partir de los elementos y la disposición de los restos de yacimientos, basa su saber en la huella humana dejada, con matices diferenciadores, sobre el suelo en el que el hombre vivió.

Luis Pericot y Juan Maluquer en *La humanidad prehistórica,* al plantearse lo que es la Prehistoria, destacan la importancia de los testimonios dejados por el hombre primitivo, *«todo lo que ha ocurrido ha dejado su huella escrita en el suelo y no falta más que saber interpretar esos vestigios tras contar con la suerte de hallarlos. Así, se advierte enseguida la enorme responsabilidad que supone la lectura de esos "textos", es decir, la excavación».*

La cronología remota de los restos paleontológicos humanos, en un investigador como Leroi-Gourhan, es fuente de tratamiento poniendo en relación, tan ilustre personaje, la motricidad de los primates y el uso interrelacionado entre la faz y la mano, implicándose, finalmente, en el tema de la motricidad, cerebro y lenguaje.

El ser humano prehistórico fue un faber que debe su desarrollo filogenético, en parte, al uso que hizo de sus manos, a su liberación y a la oposición del pulgar.

A decir de Pericot y Maluquer, *«el ingenio y la habilidad para fabricar útiles, extendiendo y fortaleciendo el poderío de la mano, es lo que dio al hombre la victoria sobre el resto de los animales, incluso sobre sus primos hermanos, los antropoides»,* lo cual significa la enorme importancia que todo ello tuvo en el desarrollo posterior de la humanidad y, en concreto, con la adquisición de la capacidad de escribir en esa triple vertiente de la motricidad, el cerebro y el lenguaje.

Estos logros humanos, básicos, siguen siendo de vital importancia en el desarrollo infantil, en la ontogénesis personal. Desde que nacemos, nuestra naturaleza de seres bípedos nos pone a prueba en la maduración cerebral mediante las diversas adquisiciones psicomotrices.

El proceso manipulativo infantil, que comienza con los reflejos; la posterior manipulación de los objetos, cuyas implicaciones de coordinación visomanual fundamentan la capacidad de ir desarrollando aspectos más finos de control motor, van implicando a un cerebro cada vez más expandido en su posibilidad mental.

Es inconcebible, por ejemplo, que la grafomotricidad exista (es la psicomotricidad aplicada al acto de escribir), sin que exprese el movimiento que el niño, mediante el aprendizaje, interioriza a través de su cuerpo, como también lo es el acto de escribir.

Ni es posible si el ser humano, en su prehistoria, no hubiera ejercitado, con múltiples usos, su bipedestación (dominando su postura y locomoción erecta, el uso y fabricación de instrumentos). Tampoco si el niño, antes, no hubiera garabateado, dibujado libremente, realizado ejercicios grafomotrices, preescriturales, escriturales.

Cuando el ser humano ha logrado un alto grado de automatismo y comprensión en la escritura —en torno a lo trece años— o, mejor dicho, de dominio sobre el uso instrumental, por supuesto, se debe gracias a complicadísimos procesos en los que está implicada la propia naturaleza biológica, el cerebro, en una acción integradora impresionantemente compleja.

Si la realización de la escritura es posible gracias a los movimientos interiorizados, representados y simbolizados mentalmente en nuestro sistema nervioso, en nuestro cerebro, significa que la motricidad que se desarrolla en el acto de escribir es parte importante de la propia naturaleza humana, de sus rasgos distintivos; por eso, el hombre deja en ella su esencia, la personalidad de quien escribe.

En la escritura, pues, debemos reconocer una dimensión de pasado evolutivo ontogenético y otro filogenético, que se proyecta ineludiblemente en el acto grafomotriz de escribir.

Esa actividad instrumental del hombre, ese proceso de hominización, y de humanización, por el que el ser humano ha tenido que atravesar hasta nuestros días, ha posibilitado la generación de una humanidad tal como la conocemos hoy. La hominización desemboca en la aparición de la cultura, en la humanización de nuestra naturaleza.

Cuando hablamos de actividad instrumental y pensamos en la escritura, el uso de instrumentos para la producción gráfica supone una de las actividades más determinantes que ha desarrollado la especie humana.

La complejidad creciente del uso de instrumentos va ligada también a una mayor complejidad del proceso de hominización y de cerebración.

La posibilidad de representar gráficamente y transmitir en lenguaje escrito los acontecimientos históricos, supone, oficialmente, la entrada de los pueblos en la historia: la naturaleza da paso a la historia.

Probablemente, toda la actividad instrumental de nuestros ancestros, desde los póngidos hasta la aparición del homo sapiens, es la expresión de un proceso múltiple e implicante de un cuerpo, una mente y un medio que, finalmente, adquieren nuevos valores, ya culturales.

Cuando el hombre logra utilizar sus manos para expresar lo que en su mente vive, ha recorrido un largo camino que, probablemente, deberíamos incluir en lo que José Luis Pinillos denomina como sociogénesis de la mente humana. La escritura no es posible entenderla sin una alta significación humana. Cuando alguien escribe, no solamente se retrotrae a un aprendizaje instrumental, sino que usa también un potencial propio de la especie. Por tanto, incluso llegando a esa órbita evolutiva, el individuo concreto emplea algo muy intrínseco al ser humano mismo.

De aquí, grafológicamente, la escritura no debe extrañarnos, puede llegar a expresar valores puramente humanos en la anatomía del grafo, en la morfología de la escritura.

El grafismo, como sugiere la grafología, está impregnado de significación psicológica. El ser humano no escribe nunca con el mimetismo de una imprenta, o una máquina de escribir. El uso, por parte del hombre, de su capacidad instrumental gráfica tiene su sello y su naturaleza singular, es decir: simbólica. Por eso es posible que la timidez se proyecte en la escritura...

Desde el bipedismo a la oposición del pulgar

En un ciclo llamado *Pedagogía y sociedad*, José Luis de la Mata, dentro de un tema titulado *«Dialéctica de la personalidad»*, nos dice, analizando el pensamiento de Leroi-Gourhan, que *«cerebro, palabra y mano son tres realidades que, en los interjuegos de sus relaciones y por la vía de la liberación, llevan desde las formas inferiores y más simples a las más complejas, desde el acto al pensamiento».*

De la Mata razona sobre el hecho que nos ha conducido a la conciencia como conquista del espacio y el tiempo. El hombre, como tal, es posible gracias a un proceso acelerado donde lo biológico, lo ecológico y lo social se relacionan de un modo altamente significativo en el proceso final de la hominización. Para este pensador, intervienen distintos planos:

1. La liberación de la cabeza con respecto al suelo.

2. De la mano con respecto a la locomoción.

3. Del cerebro con respecto a la máscara facial.

Leroi-Gourham, dice De la Mata, no busca la inteligencia como dato en el pasado, sino que se centra en la movilidad como capacidad que posibilita la inteligencia. Las estructuras dinámicas generan nuevas funciones mentales.

Uno de los grupos evolutivos, de enorme importancia en el camino hacia el desarrollo humano, lo constituye la mano, que posibilita al hombre su entrada en el reino de la técnica, y en su ejercicio, la entrada en la historia.

Otro importante grupo evolutivo lo constituye el cerebro, que coordina e integra todas las funciones corporales. Son esas funciones las que construyen el cerebro. El uso y liberación de la mano son un factor importantísimo en la gestación del cerebro humano.

De la Mata cree que «*el cerebro, con la expansión que lo conocemos, es el resultado de toda una construcción corporal, en la que la mano, la aparición de la cara y la postura de la presión son sus grandes hitos*». La escritura es posible gracias a un cerebro desarrollado con las características evolutivas expuestas, que precisa de esta estructura, y de las otras, en relación con la movilidad de las manos. En esta función, como en cualquier otra, están íntimamente implicados el cuerpo y el cerebro. Es el cuerpo el que establece las funciones superiores del cerebro, y el cerebro no puede existir sin su base corporal:

> «*Mano, rostro y lenguaje se determinan. Técnica y lenguaje se implican de tal manera que se puede afirmar con todo rigor que el equipo cerebral fundamental, para uno y otro proceso, es en lo básico el mismo. El símbolo y el instrumento están ligados neurológicamente y, a la vez, uno y otro son el equipamiento característico de la estructura social de la humanidad. Técnica y lenguaje tienen el mismo tipo estructural de funcionamiento: la técnica es, a la vez, gesto y útil, organizados en cadenas por una verdadera síntesis que da a las series operatorias tanto su fijeza como su flexibilidad. Acción, comunicación y construcción significante son procesos que se envuelven.*
>
> *"La evolución cerebral, tal como se puede reconstruir razonablemente, permite dar cuenta, para las técnicas nuevas, del vínculo existente entre la posición vertical, la liberación de la mano y el despliegue de áreas cerebrales que son la condición del*

ejercicio de las posibilidades físicas para el desarro-
llo de una actividad humana" (Leroi-Gourham). Sim-
bolismo fónico y gesto técnico se acompañan, como
hay mismo puede advertirse en la continuidad de la
correspondencia entre expresión del pensamiento,
mano y voz. Y esto mismo puede advertirse en la
observación del desarrollo del grafismo, la capaci-
dad de abstracción, etc. No hay, pues, separación
constatable entre el hombre físico, su humanidad y su
envoltura social.»

J. L. de la Mata

Ni qué decir tiene lo interesante que resultan, para
entender la expresión profunda del lenguaje escrito en lo
humano, las ideas desarrolladas anteriormente, con la
importancia concreta que el uso de la mano y la oposición del pulgar poseen.

Cultura y escritura

Si hablásemos de las pinturas prehistóricas como un
hecho psicomotor de gran envergadura creativa, podríamos deducir aspectos de la personalidad del artista que
las generó, independientemente del significado cultural
que esta expresión gráfica comporta.

Dicen Pericot y Maluquer: «*El arte va a constituir*
una ventana abierta al alma del primitivo, lo que nos
permite alcanzar una visión más perfecta del mismo.»
En estas manifestaciones estéticas, remotas, de la cronología humana, podemos ver cómo subyace el individuo

que las crea como expresión de un modo cultural. Leroi-Gourha, refiriéndose a las producciones materiales humanas, piensa que en ellas se refleja la personalidad del grupo que las realizó:

No es necesario creer que la percepción de la belleza de las cosas ha muerto en los que penetran en el mundo de lo primitivo; en realidad, se desdobla más o menos en un cierto sentimiento de culpabilidad, a veces de vergüenza. Al tener largo tiempo recogidos los objetos exóticos y éstos poseer una extraña belleza que les permite ceder a impulsos agotados, se otorga al objeto el simbolismo de una necesidad jurídica, de un imperativo religioso e, incluso, se deja sin expresar aquello que el sentimiento capta involuntariamente de sus ritmos.

Toda la personalidad de un grupo humano puede reflejarse en la menor de sus producciones materiales, al igual que en todas las obras de su espíritu.

También, M. D. Rius, en su obra *Grafomotricidad*, dice al respecto:

«El hombre comenzó a mostrar su capacidad inteligente en la manipulación y en la instrumentalización de los objetos.»

La especie humana, más tarde, creo el lenguaje para expresar este pensamiento de forma oralizada y pudo entenderse y comunicarse con sus semejantes gracias a la elaboración de códigos de signos comunes.

El hombre creó nuevos símbolos en la expresión plástica de la pintura y del dibujo, mediante los cuales fue capaz de comunicarse con los demás en ausencia del

interlocutor. El hombre creo la escritura y mediante ico-
nogramas, ideogramas y pictogramas consiguió transmitir pensamientos. Y en este proceso de elaboración
mental fue capaz de sustituir las imágenes por los
signos.

Si el niño, antes de escribir, garabatea y dibuja, el
hombre primitivo, según pudo descubrir Breuil, en el
Paleolítico Superior es un observador de su entorno que
ve proyectados en las formas naturales, en las techum-
bres y paredes de las cuevas, en las rocas, en las som-
bras..., los más significativos elementos de su supervi-
vencia, relacionados, casi siempre, con la caza y su
culto.

Estas vivencias, pura imaginación psicológica, nada
ajenas, seguramente, al proceso humano de la representación mental primitiva y a la proyección de las percepciones psíquicas —de muy profuso estudio en el psicoa-
nálisis—, probablemente llevaron al hombre de las
cuevas a que esas formas fantasmales, tan próximas a los
aspectos más vitales de su existencia, tratasen de repre-
sentarlas allí donde aparecían.

Las figuras en relieve de bisontes de las cuevas de
Altamira son un ejemplo sofisticado y altamente evolu-
cionado del arte rupestre, donde vemos una tendencia
muy marcada a buscar, en las formas de la naturaleza, la
representación mental que el hombre primitivo posee de
su mundo más significativo, quizá también en el orden
espiritual.

La tendencia más natural para la representación gráfica fue el uso de las manos y, claro está, de las funciones
mentales, naciendo así el arte plástico como uno de los
grandes hitos, no sólo de la humanidad prehistórica, sino

de toda ella, en el cual hubo un larguísimo proceso evolutivo; sin lugar a dudas, desde las más toscas representaciones logradas por los seres humanos en el simple intento de plasmar las manos en la superposición con las paredes, hasta las sutileza de los trazados de las pinturas del Cuaternario occidental, artistas anónimos que inmersos en nuestra cultura hubieran podido desarrollar, con la misma potencia, cualquier obra de arte actual, lo cual expresa, indirectamente, el desarrolladísimo nivel mental de la especie humana por entonces, motivo por el cual no debemos extrañarnos que aparezcan, junto a estas producciones, signos *«raros»* calificados por los estudiosos de simbólicos.

No podemos dejar de hacer, en este punto, un comentario sobre la ontogenia referida a comportamientos manuales de niños entre uno y dos años, y que se pone en relación con la destreza progresiva que el infante adquiere de su acción manual.

Si ponemos a un grupo de niños, de estas edades, frente a un mural —un papel limpio fijado a la pared—, y después de haber preparado una masa de color en un recipiente, con la que el infante embadurnará sus palmas, pedimos que ejecuten la actividad de presionar sobre el mural dejando sus huellas; rápidamente observaremos que los niños cuando presionan, a menor edad, tienen mayor dificultad de dejar una señal limpia. La huella de la palma de la mano queda nítida cuando la presión es uniforme, tónica, y existe la posibilidad cerebral de controlar que la mano no se deslice ni hacia arriba ni hacia abajo ni hacia los lados, lo cual supone en el niño el haber madurado sus funciones neuromotoras.

Estos elementos básicos de control motor son la esencia para poder llegar a ejecutar actos psicomotrices más finos, como lo exigidos por la escritura.

Si pensásemos, ahora, en el hombre primitivo cuando aún no había iniciado su aventura de representación plástica, es fácil ver sus manos, quizá llenas de sangre de sus víctimas de la caza, embadurnadas de barro, probablemente refregadas una y mil veces sobre las hierbas, sobre las paredes de las cuevas.

Probablemente no exista nada más ancestral y primario en la representación gráfica de las formas que plantar las manos en un acto neuromotor controlado, individual, profundamente personal e íntimo, que no deja de tener una significación a nivel evolutivo de especie de primer orden.

El hombre primitivo dejó plasmadas para la posteridad, en infinidad de cuevas, sus manos en un alarde de expresión individual que conmueve la esencia humana, si pensamos que es la más remota representación que conlleva el germen de la aparición del arte, con la misma similitud que el ejercicio del mural ayuda y prepara al niño para la escritura.

El otro mecanismo descrito, por el cual el hombre primitivo es capaz de ver proyectadas figuras sobre las formas naturales, no es algo que se haya superado en ningún sentido, sino que está aún presente en todos nosotros; quizá sea un remanente de elaboración mental muy primitivo, pero también ahí sobrevive con relación a nuestras experiencias más cotidianas.

A cualquiera que se le ocurra visitar las cuevas del Drach, en Palma de Mallorca, oirá dar nombres a multitud de formas naturales, muchas de ellas con alta significación espiritual, por ejemplo referidas a la Virgen María. En la práctica psicológica, el test de Rorschach basa el conocimiento profundo de la personalidad humana, precisamente en las respuestas fantasmagóricas o perceptivas que el sujeto da ante la presencia de figuras indefinidas, ante las famosas láminas donde también cuenta el color. Ni qué decir tiene que si el hombre primitivo elabora su arte alrededor de los elementos vitales más esenciales de su existencia, el hombre moderno, ante una prueba como ésta, proyecta los contenidos psíquicos más esenciales de su vida presente y pasada.

Este mecanismo proyectivo, que seguramente actuó de modo muy importante en la aparición del arte en los albores de la humanidad, es empleado por nosotros de modo cotidiano, cuando en multitud de formas proyectamos nuestros miedos, ansiedades, etcétera.

Recuerdo de Franz Kafka, en una obra titulada *La condena,* un pequeño relato, donde este eminente literato proyecta los fantasmas del miedo, en un pequeño relato:

«*Cuando uno sale a caminar de noche por una calle y un hombre, visible desde muy lejos —porque la calle es empinada y hay Luna llena—, corre hacia nosotros, no lo apresamos, ni siquiera si es débil y andrajoso, ni siquiera si alguien corre detrás de él gritando; lo dejamos pasar...*».

El hombre primitivo en sus cuevas tuvo tiempo de proyectar percepciones vitales de su personalidad en las formas indefinidas de las paredes, como ahora nos proyectamos sobre las láminas de Rorschach, solamente que nuestros primitivos antepasados fueron capaces de trasformar esta potencialidad psíquica en una fuerza nueva para manejar su realidad.

Utilizando sus manos y los elementos de la naturaleza, comenzó a ejercitarse en una de las actividades más importantes de su historia. Descubrió que con sus dedos y el barro de las cuevas podía fijar los fantasmas de su mente, que tanta relación guardaban con los actos vitales de su existencia, sacralizando su propia esencia.

A partir de entonces los estudiosos han podido constatar la evolución de las técnicas de representación, desde los denominados por los prehistoriadores como *«toscos dibujos digitales, moldes de pies y pinturas de manos»* hasta toscas siluetas que llegan a evolucionar hacia figuras en tinta plana; luego surgen los relieves y grabados más complejos, hasta su culminación que nos ofrecen las cuevas de Altamira, sin que queramos decir con esto que el proceso fuese homogéneo y lineal. La evolución señalaba hacia un fin marcado por la abstracción, la comunicación y el lenguaje, donde la simplificación de los rasgos dio al traste con la escritura en ese proceso de signo y significado.

La escritura es expresión de la cultura

La escritura, adquirida por el sujeto concreto hasta la incrustación más profunda de su mismidad personal, este lenguaje se constituye en un sistema muy complejo en el orden biológico, psicológico y social.

De aquí que, al analizar un texto escrito, el grafólogo pueda deducir características somáticas, psicólogicas y sociales de la persona que escribe, de igual modo que un yacimiento debidamente sistematizado en su estudio puede darnos nociones de la historia, del comportamiento de los sujetos actores, pongamos por caso, de una tumba faraónica y, por generalización, de toda una cultura.

Los grafólogos saben que por debajo de muchos escritos podemos ver formas sociales de comportamiento, quedan restos de modas, maneras de ser caracterizadas por el sexo.

Como dice Mauricio Xandró, en su obra *Grafología Superior,* la grafología nos ofrece la posibilidad de investigar profundamente la personalidad humana; este autor cree también que todo lo que nos acompaña o rodea influye sobre nuestra escritura.

La escritura es un lenguaje que se aprende a través de la instrucción escolar, pero que, sin el concurso del desarrollo y la maduración del individuo, no es posible su asimilación. Es necesario poseer un sistema nervioso en perfecto nivel madurativo para poder realizar las acciones grafomotrices que requiere el acto de escribir.

Aun cuando no seamos partidarios de la ley biogenética, en la formulación más estricta que un biólogo como Ernesto Haeckel hizo al decir que la *«ontogenia es una recapitulación abreviada de la filogenia»,* sí creemos que hay cierto paralelo entre el desarrollo y la maduración que el niño experimenta en relación a ciertos aprendizajes y la expansión primitiva en las adquisiciones evolutivas de la especie humana.

Como escribe De la Mata, el niño es un organismo cargado de potencialidades, cuya vida psíquica se inicia con lo que su cuerpo puede aportarle.

Hay compatibilidades entre estos dos procesos de filogénesis y de ontogénesis, en algún momento, verdaderamente increíbles, al decir de J. L. Pinillos: *«Los paralelismos entre la ontogenia y la filogenia son profundos y deben poseer una onda significación biológica».*

Pertenecería al dominio de la razón lógica pensar que aquellos comportamientos que el hombre fue adquiriendo durante dilatadísimos períodos de tiempo, la biología, con sus leyes hereditarias, los fuera perpetuando para la especie, en sus crías, en un complejo proceso de interacción entre lo biológico, lo mental y lo social. De hecho, impresiona la enorme rapidez con que evoluciona el niño, al observar cómo va capacitándose en su etapa infantil para ejercer luego, con plena madurez, aprendizajes de sofisticadísimos y complejos comportamientos.

Desde luego, no hay milagro en sí mismo, pero sí un maravilloso proceso, que en conjunto utiliza, por un lado, el potencial biológico heredado, como remanente, o síntesis evolutiva en cada uno de nosotros, y por otro, el desarrollo de esa potencialidad, por el influjo estimulatorio del medio ambiente.

Sin este último, el ser humano no podría existir como especie humana.

La escritura, o mejor dicho su proceso, la grafomotricidad, no sería posible sin la intervención del medio social y la estimulación oportuna que comienza, desde que nacemos, con las actividades psicomotoras, retrotraídas hasta los reflejos, en una mutua interrelación con el sistema nervioso y la mente, como realidad en desarrollo.

La grafomotricidad, entendida en el sentido que la define María Dolores Rius, como función que permite al niño llegar a la comunicación *«mediante los mensajes de los signos gráficos intentando la expresión de sus sentimientos, experiencias, o ideas»,* no puede entenderse sin la maduración y la consolidación de la actividad sensomotriz.

El niño nace con un potencial, con una estructura hereditaria que necesita desarrollarse de alguna manera para generar otras, que son explicadas por éstas, pero no es eso totalmente. Spitz, en su obra *El primer año de la vida,* nos viene a decir, claramente, que no nacemos con las capacidades mentales que luego exhibimos, sino que éstas necesitan formarse mediante unas condiciones adecuadas de estimulación, precisan de un proceso de diferenciación progresivo, no hay nada que nos habite, al nacer somos seres en gran medida indiferenciados.

Por eso, no podemos pensar que el lenguaje (la escritura pertenece a este orden, tenga ningún tipo de realidad que esté en nosotros como una semilla a la espera de crecer, sino que surgirá como efecto del conjunto de la praxis y la potencialidad del desarrollo y la maduración, más el concurso del ambiente.

De aquí que la escritura, desde el punto de vista grafológico, y que ya hemos expuesto en otro lugar, aprecie los signos de la personalidad del que escribe, y es porque cuando esta habilidad humana se desarrolla íntimamente en el ser humano, tampoco es algo que le habite, sino que es parte ya de su misma esencia, de su misma realidad o naturaleza; ahora, de una forma diferenciada, como lo puede ser la inteligencia o la memoria. Por eso es posible que toda la realidad humana quede impregnada en el grafismo.

La personalización reflejada en la escritura tiene mucho que ver con el proceso mismo de las adquisiciones psicomotrices más tempranas y, luego, grafomotrices, aunque también está llena con nuestros hábitos y costumbres adquiridos.

Es decir, para poder escribir se tienen que desarrollar las estructuras básicas anteriores a la propia habilidad. Justo en esto consiste que la interiorización del adiestramiento que el niño recibe ponga en juego las otras habilidades anteriormente adquiridas.

Este influjo del medio social madura y desarrolla al individuo, de tal modo que el proceso mismo de escribir llega a automatizarse, en el sentido de que no aparece un esfuerzo consciente para ejercer la habilidad, pudiendo ser empleada como usamos cualquier otra capacidad humana.

La adquisición de la escritura, que ha necesitado del desarrollo de muchas capacidades para su logro, a su vez, es otra capacidad que potencia al ser humano para distintas habilidades, de aquí que la escritura sea una técnica básica. Interesa resaltar que para la grafología, el grafo, la morfología de la escritura, está impregnado de las capacidades, de la personalidad de quien escribe, como venimos reiteradamente repitiendo, por ser ésta una expresión profundamente personal.

Los especialistas en el fracaso escolar, cuando tratan de explicar las dificultades que los niños tienen a la hora de escribir, saben que el alumno necesita de unos niveles de automatización del proceso para poder desarrollar con mayor eficacia la comunicación y la actividad mental que comporta escribir, dejando libre al individuo para utilizar este lenguaje en el enriquecimiento de su experiencia personal, en el avance de sus aprendizajes; de aquí que la escritura sea una técnica básica.

Precisamente, cuando este proceso de interiorización, de automatización, es más eficiente, podemos pensar que se ha incorporado más profundamente al sujeto como persona, de tal modo que es posible la personalización de la actividad grafomotora implícita en el acto de escribir.

Es un hecho evidente, pues, que tal adquisición comporta, en su asimilación, un proceso, en primer lugar de ubicación cerebral, en un orden de reacción psíquica, puesto que usándola personalizamos el acto grafomotor de escribir, y, finalmente, tiene una repercusión social, puesto que es una técnica que nos permite la adaptación al resto de los aprendizajes escolares, sin cuyo concurso es imposible permanecer en un contexto social como es la escuela.

Nos comenta M. D. Rius, como circunstancia iniciadora de un proceso grafomotor sin retorno en el ser humano, y que es parte de la base constituyente que dará pie a la escritura:

> «La organización neuropsicológica locomotora que describe la conducta del niño en sus primeros meses y que es resultado de un proceso madurativo neurológico y de una conciencia cada vez más clara de sus funciones, da paso hacia el segundo año de la vida, a una actividad manipulativa exploradora que permitirá la experiencia temprana del rayado sobre un soporte con los instrumentos más inverosímiles: un cenicero movido con fuerza sobre una mesa, un tenedor rasgando el barnizado de los

muebles o una cucharita produciendo los primeros "graffiti"».

La psicomotricidad fina inherente a la escritura necesita de la maduración y el desarrollo de la mente como base fundamental del lenguaje escrito, así como también de un medio social adecuado para su desarrollo, que la impregna de una forma de ser. Con esto queremos decir que, a la postre, es el individuo concreto quien maneja un instrumento de comunicación humana que llega a ser parte de su propia naturaleza, y cuando hace uso de ella, también de algún modo emplea parte de sí mismo, de su forma peculiar de hacer y manejar algo que pertenece al orden cultural, pero que sólo es posible a través del individualismo concreto, del acto individual del escribiente.

Sabemos que la forma de escribir, la manifestación de la escritura, comienza siendo indiferenciada para ir lentamente personalizándose, haciéndose diferente. La escritura, en su manifestación, en su morfología, en su aspecto, cambia de individuo a individuo.

Podemos considerar que existen grupos humanos que se asemejan en la forma de hacer las grafias, como sabemos que existen grupos humanos que se asemejan en factores de personalidad. Existe un aspecto diferencial de la grafía humana, como también existe una forma diferencial de la personalidad.

Grafomotricidad, escritura y grafología

Para la grafología, entender por qué la escritura expresa la personalidad de quien escribe debe ser un tema básico que justifica su propia razón de ser. Un grafólogo interpreta el grafo, la escritura en términos de remanentes de personalidad, pero, porque esto es así, es algo que históricamente no se ha podido dilucidar. De cualquier modo, las claves deben estar en la comprensión del propio proceso de escribir.

Quizá en este proceso sea donde se entienda profundamente la esencia misma de por qué la escritura incorpora en su propia morfología los rasgos de la personalidad.

Parece evidente que la actividad gráfica en los niños, anterior al acto mismo de escribir, comporta niveles de actividad simbólica representativa que es proyectada por el niño sobre el papel.

El niño es capaz de personalizar según su propia vivencia su producción gráfico-representativa; para la autora que comentamos anteriormente:

> *«Los objetos vivenciados e interanalizados por el individuo constituyen esquemas e imágenes mentales que son representados en un estado inicial perceptivo, mediante unos sistemas de señales propios en cada niño, pero que pueden ser estudiados desde el punto de vista evolutivo, constituyendo verdaderos arsenales de estructuras gráficas que dan cuenta de la configuración interna de los esquemas del pensamiento infantil y de los hitos de su progreso. Estos esquemas o imágenes mentales sufren una transformación por lo que mediante un proceso de inculturación progresiva generan estructuras lógicas cada vez más complejas, constituyendo el bajo concepto del individuo».*

Así, finalmente, el grafo, el acto de escribir, está impregnado en sí mismo de complejas realidades; entre ellas, de la mental o psicológica. Eso mismo sucede en los dibujos donde la psicodinámica del movimiento gráfico va cargada, entre otras cosas, de alta significación afectiva, que la mayoría de las veces superan en significación inconsciente las propias pretensiones formales de comunicación objetiva; por ejemplo, al dibujar una familia.

La grafología expresa la personalidad

La psicomotricidad guía, en cuanto nos da información sobre el modo como el hombre llega a escribir; el profesor Alfred Tajan (1983) la describe como *«la psicomotricidad aplicada al acto de escribir»*, y continúa describiendo a la psicomotricidad en su obra *«La Grafomotricidad»* como *«una manera de ser de cada individuo en su expresión corporal y en su relación con el mundo»;* éste es precisamente el gran secreto en proceso de personalización de la escritura por el cual la grafología es capaz de encontrar rasgos de. la personalidad.

CAPÍTULO II

LA TIMIDEZ EN LA ESCRITURA

Los rasgos de la timidez en la escritura

Hay un modo de proceder simbólico a la hora de escribir que puede reflejar tanto nuestro carácter como nuestro temperamento. El ser humano tiene la virtud de proyectar de un modo figurado parte de lo que es en todo lo que hace; así se demuestra, por ejemplo, en el tema de los dibujos, cuando nos expresamos de modo no verbal con el cuerpo, cuando soñamos o en cualquier otra situación de nuestra vida. En este sentido la timidez de una persona puede ser reflejada en su escritura. Veamos cómo pueden ser relacionados timidez y escritura

Interpretaciones-1

1. Si su escritura, por ejemplo, en un folio escrito por usted, en el conjunto de las líneas que componen el texto, desciende hacia abajo, y esto sucede con frecuencia, o es habitual cuando escribe, se puede traducir como pesimismo.

El pesimismo puede formar parte de la personalidad tímida. El pesimismo no es sólo achacable al tímido; también se alcanza ese estado si se está enfermo o cansado. Ya hemos desarrollado la idea de que el tímido puede ser en el fondo un pesimista. Es un rasgo que define un cierto complejo de inferioridad.

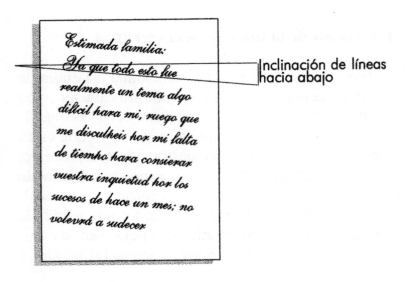

Inclinación de líneas hacia abajo

2. El temor del que tanto hemos hablado en esta obra puede observarse en la escritura cuando invertimos las letras, o cuando se inclinan a la izquierda. La imagen de los juncos azotados por el viento puede ser la manera de ver las letras inclinadas, movidas hacia la izquierda. Ello es expresión simbólica no sólo del temor, sino que puede ser signo de pruden-

cia, de inhibición, que son cualidades que acompañan a la timidez. Volvemos a repetir que no necesariamente este tipo de morfología en la escritura debe interpretarse necesariamente sólo bajo el significado de la timidez, habría que tratar de localizar otros rasgos en la escritura que expresasen complejo de inferioridad.

La siguiente ilustración es una muestra de escritura, que no agota todas las posibilidades de esa imagen grafológica de la grafía inclinada hacia atrás.

Observe sobre esta línea inclinada a la izquierda cómo las letras caen hacia atrás

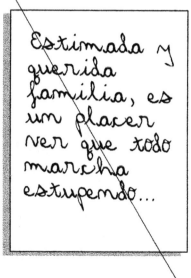

3. Si observa una línea de su escritura encontrará que usted puede dividir las letras que van componiendo las palabras y las frases, en una zona alta, una zona media y una zona baja. La zona media representa el YO, y podríamos designar a esta zona la del ego. Al tímido se le ve muy centrado sobre sí mismo, y es posible que, frente a las otras, esta zona esté magnificada (significa orgullo y vanidad, y es expresión de un mecanismo de compensación por complejo de inferioridad), o por lo menos que predomine frente a la zona alta y baja. Lo contrario, una zona media casi disminuida, o desaparecida, podría indicar también la contención del tímido, podría significar lo poco que se aprecia a sí mismo, la baja autoestima que tiene de sí.

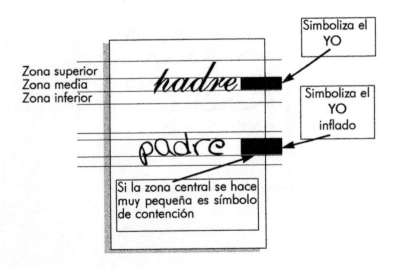

Zona superior
Zona media
Zona inferior

Simboliza el YO

Simboliza el YO inflado

Si la zona central se hace muy pequeña es símbolo de contención

4. Si usted dobla un folio en cuatro partes iguales, al abrirlo observará cómo queda su escritura dentro de estas cuatro áreas; si su escritura queda predominantemente en las zonas de la izquierda, esto es un signo de mayor introversión que de socialización. Es decir, que cuanto más a la izquierda escriba usted más regresivo e introvertido se supone que es (más contenido y más tímido); sin embargo, cuanto más a la derecha escriba, más sociable y extrovertido se supone que es. Cuando escribe con predominio de la izquierda es más regresivo que sociable, o más familiar y afectivo que extrovertido, lo expresa su escritura. Esa simbología puede estar acompañando a la personalidad tímida cuando constatamos, frente a otros rasgos de la escritura, que hay una disposición simbólica hacia la izquierda.

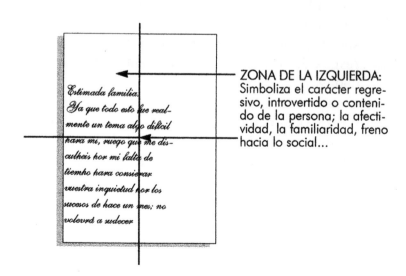

ZONA DE LA IZQUIERDA: Simboliza el carácter regresivo, introvertido o contenido de la persona; la afectividad, la familiaridad, freno hacia lo social...

5. Cuando una persona firma una carta, puede observar en ella elementos simbólicos entre la escritura del cuerpo general de la carta y la firma. Si el tamaño de la letra del cuerpo de la carta es de tamaño mayor que el de su firma, simboliza que se tiene una percepción baja del valor personal; expresa que se tiene una imagen de sí mismo pobre en lo que atañe a la propia seguridad. Puede ser símbolo de baja autoestima.

Al contrario (cuando las letras de la firma son más grandes que las del cuerpo general de la carta, de manera muy acusada), puede resultar ser expresión de timidez, en el sentido de que la persona intenta ocultar este defecto mediante manifestaciones de orgullo y de vanidad; expresaría que está funcionando un mecanismo de compensación psicológica.

Este rasgo diferenciador entre la escritura del cuerpo general de la carta y la de la firma es muy significativo a la hora de encontrar a personas con rasgos de timidez, con sentimientos de inferioridad.

Cuando en la firma las letras son ilegibles, simboliza ocultación frente a los demás; es decir, contención de la propia personalidad íntima, lo que resulta muy característico en las personas tímidas.

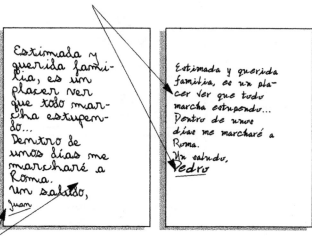

Observe que la firma es más grande
que las letras del cuerpo principal...

Observe que la
firma es más
pequeña que
las letras del
cuerpo princi-
pal...

6. Si usted, al mirar las letras que hace al escribir, observa entre el tamaño de las letras mayúsculas y las minúsculas una gran desproporción, igual que en el caso de la letra de la firma y al del cuerpo principal de la carta del punto anterior, es expresión de baja autoestima, de complejo de inferioridad o de timidez.

Si las letras mayúsculas son muy grandes, podríamos hablar de orgullo y vanidad frente a complejo de inferioridad. Si son las mayúscula casi iguales que las minúsculas, simbolizan complejo de inferioridad, timidez.

Si observa que sus letras mayúsculas son muy grandes frente a las minúsculas, es símbolo de orgullo por compensación de inferioridad...

7. Ahora vamos a exponer rasgos morfológicos de la escritura que expresan un complejo de inferioridad, siguiendo las indicaciones de la obra *Los complejos de inferioridad en la escritura,* de Mauricio Xandró sólo representaremos algunas grafías. Si usted, al escribir, hace una grafía como las que siguen puede ser expresión de timidez y complejo de inferioridad. Procure para sacar una conclusión cuando existan muchos indicios, cuanto más características de las descritas se den en la escritura más seguro estará de encontrarse ante una persona tímida o con complejo de inferioridad.

Interpretaciones-2

1. Letras en la firma de menor tamaño que en el texto (ya visto).
2. Firma de letras ilegibles.
3. Rúbrica envolvente; rúbrica grande; rúbrica complicada; rúbrica con subrayado mayor que el nombre.
4. Primer arco «M» menor; mayúsculas pequeñas (Mamá).
5. Letras pequeñas.
6. Letra estrecha.

Símbolo de inferioridad es que el primer arco de la "M" sea menor que el segundo, y se ratifica si la "M" mayúscula se hace como minúscula, y más aún si las letras que siguen son muy pequeñas

Arco más pequeño

Minúsculas pequeñas frente a la mayúscula

7.   Mayúscula separada de la minúscula.
8.   Margen superior grande.
9.   Firma alejada del texto.
10. Margen grande a la derecha.

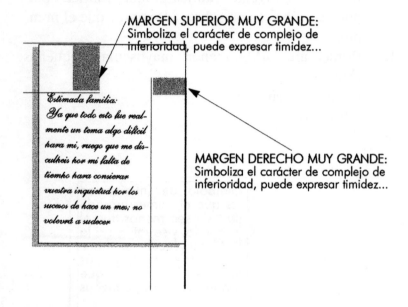

MARGEN SUPERIOR MUY GRANDE:
Simboliza el carácter de complejo de inferioridad, puede expresar timidez...

MARGEN DERECHO MUY GRANDE:
Simboliza el carácter de complejo de inferioridad, puede expresar timidez...

11. Punto «i» poco marcado.
12. Escritura cerrada.
13. Escritura inclinada a la izquierda.
14. Punto «i» y barras «t» a la izquierda.

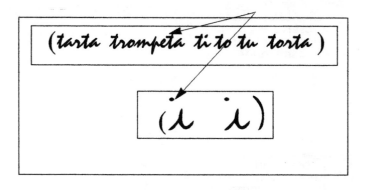

> Cuando las mayúscula se separan de las letras minúsculas simboliza separación del Yo frente a los demás, y se puede interpretar como un signo de timidez, complejo de inferioridad...

15. Margen izquierdo se estrecha.
16. Desigualdades en la escritura.
17. Líneas oscilantes.
18. Barra t irregulares.
19. «r» redonda o en «i».

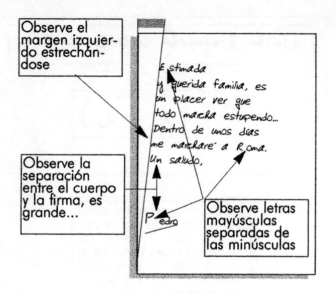

20. «s» mal terminada al final.
21. Mayúsculas exageradas.

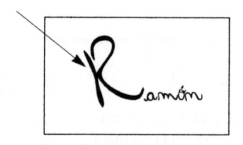

22. Escritura desordenada.
23. Punto de «i» inexacto.
24. Escritura poco firme.
25. Desigualdades de inclinación.
26. Escritura exageradamente curva y blanda.
27. Letras grandes o muy grandes.
28. Difícil legibilidad y mala terminación de lo escrito.

> Observe cómo aquí la escritura está desligada, las mayúsculas son pequeñas, y la escritura es desigual...

Estimada y querida familia, es un placer ver que todo marcha estupendo... Dentro de unos días me marcharé a Roma. Un saludo, Juan

29. Escritura regresiva.
30. Rasgos envolventes.
31. Escritura desligada.
32. «g» separada de letra siguiente.

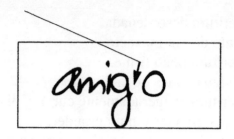

33. Tumbada o invertida.
34. Puntos, rayas innecesarios.

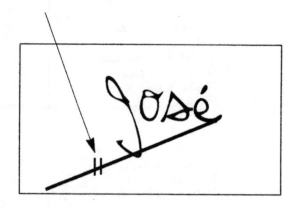

35. Escritura confusa e ilegible.
36. Escritura extravagante, artificiosa.
37. Zona superior más desarrollada.
38. «g» con pie triangular debilitada en los trazos, desviada, con torsiones en el recorrido o en el camino de unión.
39. Escritura con gran movilidad y falta de equilibrio.

40. Ausencia de rasgos iniciales o de desarrollo en la zona izquierda.
41. Firma exagerada.
42. Rúbrica llamativa.
43. Mayúsculas desmesuradas.
44. Ampliaciones en zona izquierda.
45. Artificiosidad y extravagancia.
46. Exageración en letras, palabras o parte de letra.
47. Escritura artificiosa.
48. Caligrafía impersonal.

Parece y es impersonal

49. Tipográfica total.
50. Extraña o extravagante.
51. Regular y monótona.
52. Trazado lento.
53. Letras pequeñas, enredadas y sucias.
54. Rasgos envolventes.
55. Curvas y blandura en trazo.

Últimas consideraciones

Hasta aquí le hemos descrito algunas de las características de la escritura que pueden relacionarse con determinados rasgos de la personalidad tímida, y que encajan con la idea de Adler sobre el problema del complejo de inferioridad.

Si usted desea realizar un estudio más profundo de esta temática específica, le recomendamos que consulte obras de grafología especializadas, en las cuales puede obtener mucha más información.

No ha sido nuestro objetivo desarrollar aquí un tratado sobre esta ciencia, sino que hemos intentado desarrollar un capítulo que se refiera a ella con respecto a la timidez.

La timidez puede evaluarse mediante muchos otros instrumentos psicológicos, como son los cuestionarios y los tests, y también con los dibujos proyectivos.

Los dibujos son un terreno abonado para realizar investigaciones; por ejemplo, si a usted le piden que dibuje una casa, y la hace muy pequeña en relación al folio, y además la dibuja a la izquierda de la hoja, esto se interpreta exactamente igual que en grafología, es un signo de introversión, baja socialización, regresión, y expresión de un cierto grado de timidez.

A los niños muchas veces se les dice que dibujen una familia, y cuando sus miembros son dibujados a la izquierda, y representan figuras muy pequeñas, débiles en su trazo, la interpretación es la misma.

Es lógico que esto sea así, el ser humano deja huellas psíquicas en todo lo que hace y toca; incluso con el timbre de su voz y los gestos de su cuerpo puede expresar determinados aspectos de su personalidad; por eso somos seres de comunicación, y mucho más allá de lo aparente se envían y reciben multitud de mensajes subliminales, simbólicos e inconscientes.

ÍNDICE